GINETTE MATHIOT

mon livre de CUISINE

avec la collaboration de
Anne-Marie Dalmais
illustrations et mise en page de
Paul Durand

FLAMMARION

ISBN 2-08-090701-8
Printed in France

Sommaire savoureux

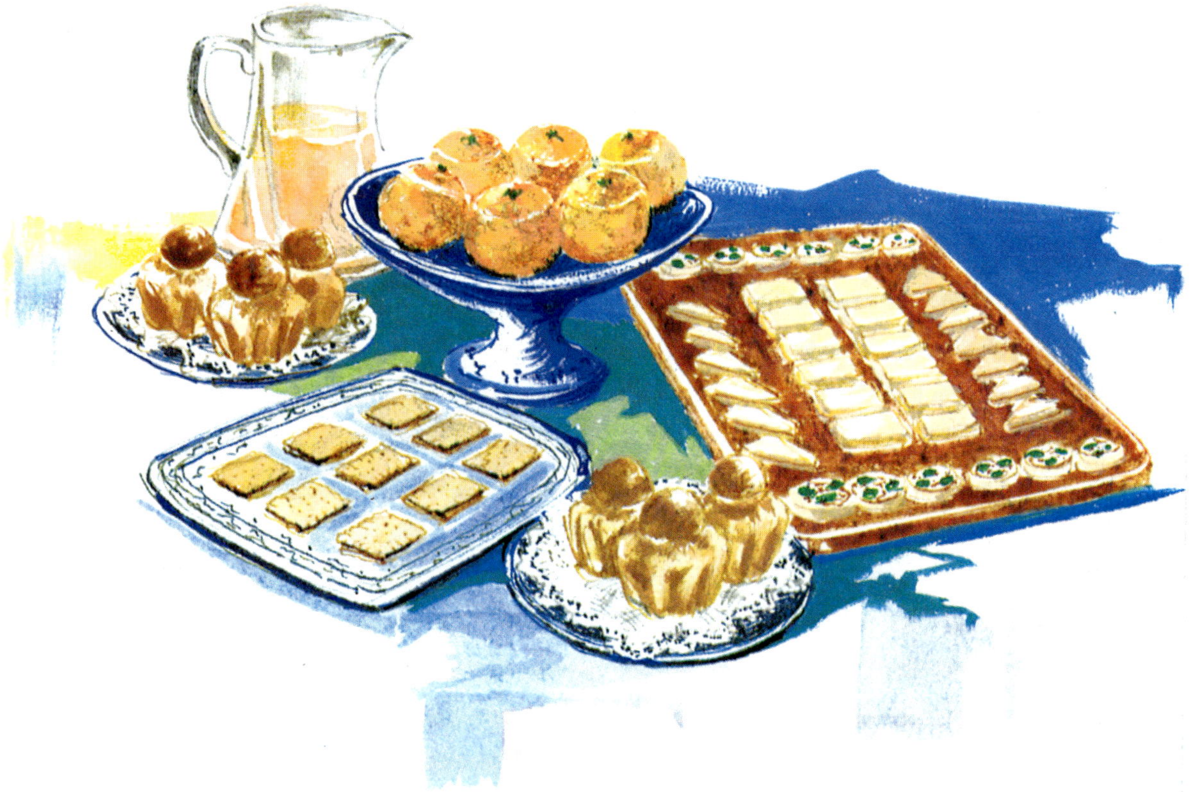

Introduction

Soyez tranquilles ! Si vous mettez ce bel album dans les mains de vos enfants, l'opération CUISINE entreprise dans la gaieté ou l'agitation ne se terminera pas en catastrophe. Vous n'avez aucune crainte à avoir, car les explications essentielles sont données de façon si simple et si claire, qu'il ne peut y avoir de désastre. Il faut vous dire, en confidence, que chaque recette a été exécutée devant l'illustrateur, afin que rien ne soit laissé au hasard.

Il s'agit, tout simplement, d'entraîner les garçons et les filles audacieux et dynamiques à entrer dans la vie courante, en faisant de la cuisine. Ayez, vous-même, l'audace de les y engager : ainsi, en réussissant quelque chose d'utile, ils se rapprocheront de la vie de l'adulte, qui, comme chacun le sait, est l'objectif de tout enfant. Il est donc moins question d'un jeu que d'une activité sérieuse qui donnera des habitudes de propreté et de méthode — sans oublier le côté artistique exigé par la décoration et la présentation.

La préparation de chaque plat est prévue à l'occasion d'un repas : savoir se nourrir a de l'importance, c'est pourquoi, on ne trouvera pas ici uniquement des recettes de desserts et de pâtisseries dont (on le sait maintenant) il convient de ne pas abuser. Mais ce repas est motivé : sa destination a non seulement de l'importance, mais encore du charme. Nos « cuisiniers » sont incités à penser aux autres pour leur faire un grand plaisir ou une petite surprise.

Laissez donc vos enfants travailler dans la joie.

Surveillez-les du coin de l'œil, en évitant gronderies ou remarques ironiques... L'apprentissage entrepris devant l'appareil de cuisson demande un effort d'attention, de la patience et pas mal d'encouragements, vous le savez.

J'avais toujours eu le désir de faire un livre de cuisine destiné aux enfants; ce rêve n'a pu prendre forme que grâce aux talents conjugués de la narratrice, Anne-Marie Dalmais et de l'artiste dessinateur, Paul Durand. Je tiens à les remercier vivement, puisque voici que toutes les chances ont été mises de mon côté.

Encore un conseil, et ce sera le dernier. Lorsque nos jeunes cuisiniers auront essayé — et réussi — les recettes contenues dans ce livre, rien ne vous empêche d'espérer qu'ils auront assez d'imagination pour inventer, à partir de ces principes simples, quelques plats nouveaux et savoureux.

Eh oui ! Pourquoi pas ?... Faites-leur confiance...

Ginette Mathiot

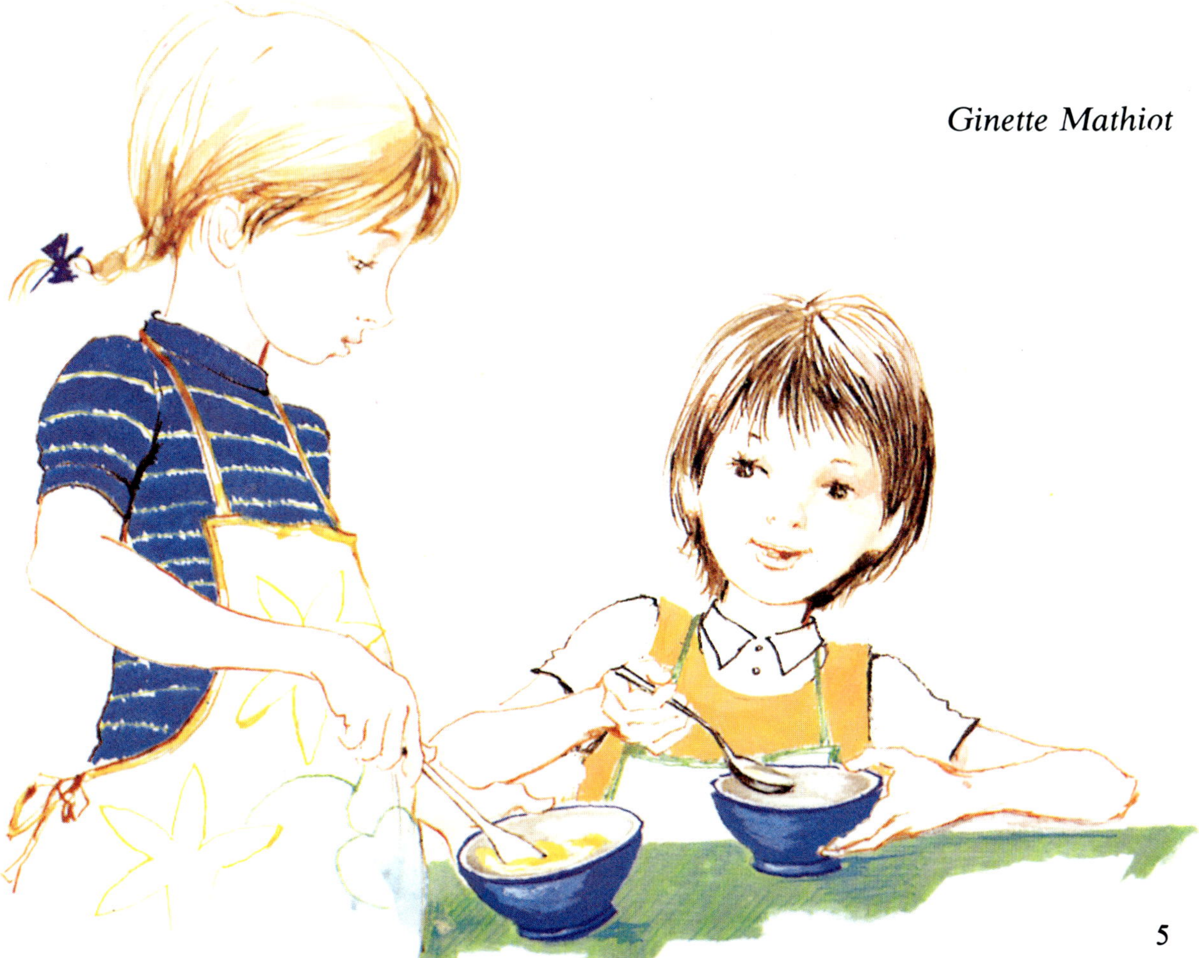

Avant-propos

Connaissez-vous cette activité magique : faire la cuisine ? Certainement ! Même si vous n'avez pas confectionné vous-même un gâteau, ou une sauce, vous avez sans doute rôdé près des casseroles lorsqu'elles répandaient un parfum particulièrement alléchant, vous avez admiré, savouré à l'avance, un plat qui mijotait en douceur... Un beau jour, vous avez peut-être aidé à tourner une crème, beurrer un moule, peser des ingrédients, ou encore décorer un dessert ?
- Non, me dites-vous. Vous n'avez jamais mis la main à la pâte. Vous vous êtes contentés de lécher la cuiller !
- Peu importe : que vous vous y connaissiez un peu, beaucoup ou pas du tout en cuisine, voici pour vous, marmitons en herbe, un livre qui vous donnera de précieuses recettes. Grâce à elles, vous réussirez sans peine des plats délicieux, que vous pourrez ensuite déguster en famille, entre amis, ou offrir, comme surprise, à votre maman. Grâce aux secrets qu'elles contiennent, vous deviendrez le magicien, ou la magicienne, capable de métamorphoser des œufs, du beurre, du sucre et des barres de chocolat en une merveilleuse mousse légère, fine, moelleuse, exquise.

La cuisine, vous le verrez, n'est pas difficile, mais elle demande certaines qualités, telles que l'ordre, la persévérance, l'imagination, l'adresse, la patience, la fantaisie, et bien d'autres encore. J'insisterai surtout sur deux d'entre elles, parce qu'elles font souvent défaut aux jeunes cuisiniers : il s'agit de l'ordre et de la patience.

Je vous vois faire la grimace :
- L'ordre, c'est ennuyeux, dites-vous, et la patience, impossible !
- Allons, allons ! Quittez ces mines renfrognées et réfléchissez un instant : comment voulez-vous réaliser aisément une préparation si vous travaillez dans le fouillis ? Vous ne trouverez plus vos ustensiles et vous perdrez tout votre temps à chercher couteaux, râpes ou passoires mystérieusement disparus. Rien n'est plus agaçant que de n'avoir pas ses « outils » sous la main.

Énervés, bientôt découragés, vous ne tarderez pas, dans ces conditions, à « rendre votre tablier » : alors, adieu gâteaux, adieu délices !

Quant à la patience, elle est aussi nécessaire que l'ordre : si un plat doit cuire trois quarts d'heure, il ne faut pas le sortir du four au bout d'une demi-heure sous prétexte que c'est trop long d'attendre; il sera immangeable.

En fait, la cuisine ressemble à un jeu, mais à un jeu extraordinaire, car on peut y jouer seul, ou à plusieurs, avec le même succès et le même plaisir ! Un jour, vous exécuterez, sans l'aide de personne, telle recette qui vous amuse; le lendemain, c'est avec votre sœur et votre cousin que vous préparerez un autre plat. En solitaire, ou en équipe, pourvu que vous respectiez les consignes d'ordre et de patience, vous passerez des heures magiques, assaisonnées de surprises et de découvertes !

Il est temps, maintenant, de vous présenter trois futurs marmitons, qui s'essaieront, comme vous, aux recettes de ce livre...

Voici Nicolas, un géant de douze ans, avec des joues toutes rondes, une grosse voix rauque et un appétit d'ogre. Voici Marguerite, sa sœur, une fine mouche de neuf ans, suivie de son inséparable ami, le chat Moustique. Voici enfin Caroline, leur cousine, qui n'a que huit ans, mais bavarde déjà comme douze pies.

Au fil des pages, vous regarderez ces trois enfants exécuter, devant vous, les recettes du livre. Oui, sous vos yeux, ils feront la cuisine. Il ne vous reste plus qu'à les imiter : alors, à vos casseroles, petits cuisiniers !

N.B. Les recettes sont rédigées pour un seul cuisinier. Si vous faites la cuisine à plusieurs, vous partagerez le travail selon les goûts et les talents.
Chaque recette comporte :
- *la liste des ingrédients*
- *la liste des ustensiles nécessaires*
- *un signe indiquant si elle donne lieu, ou non, à une cuisson*
- *le récit de la préparation.*

Passeport pour la cuisine

L'on fait la cuisine dans une pièce spéciale, qui lui est réservée. Cette pièce est généralement le domaine des mamans. Je suis certaine que vos mamans accepteront de vous y laisser pénétrer, à condition...

... à condition que votre passage ne soit pas synonyme de cauchemar !

La cuisine que l'on vous prête ne doit pas être rendue salie, en désordre, malmenée par un ouragan, bouleversée par un tremblement de terre... Sous aucun prétexte votre jeu ne doit devenir une corvée pour votre maman. Autrement dit, il vous faudra respecter certaines règles absolues : les tricheurs seront expulsés sans merci !

Visa d'entrée pour la cuisine

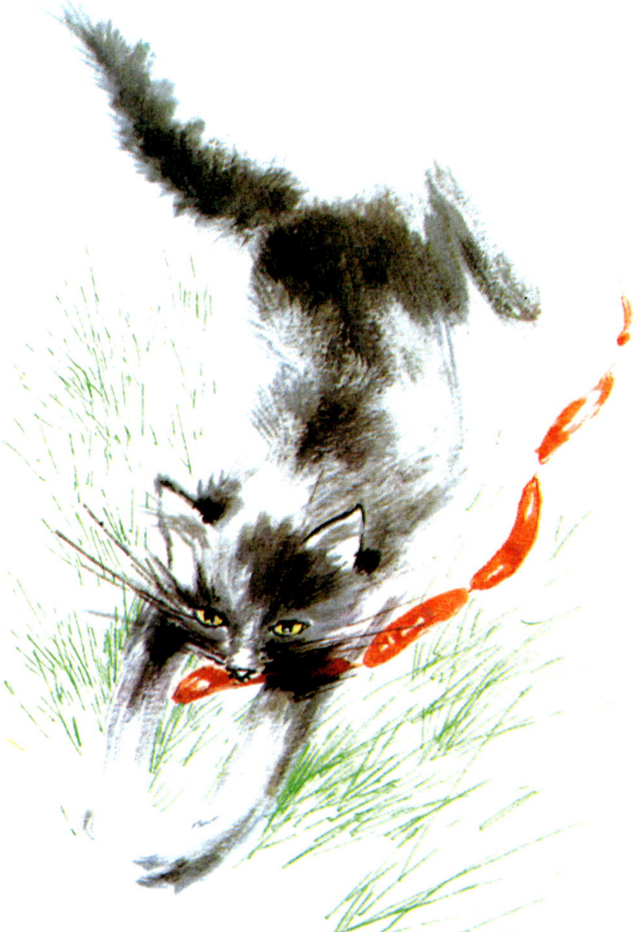

- laisser le chat Moustique dehors : c'est plus propre. (Même consigne pour votre chien Passe-partout, et pour Modeste, votre cochon d'Inde...).

- mettre un tablier.

- laver ses mains.

- s'engager à appeler une grande personne pour assister (ou procéder) à l'allumage du four; ou à certaines opérations de cuisson; ou à l'ouverture des boîtes de conserve récalcitrantes.

- promettre de rincer et de ranger, sur l'évier, par exemple, les ustensiles utilisés. Si on le fait au fur et à mesure, cela va très vite, vous serez les premiers surpris. Si, au contraire, on laisse s'accumuler, ici et là, la vaisselle sale, on ne sait même plus par où commencer pour mettre de l'ordre...

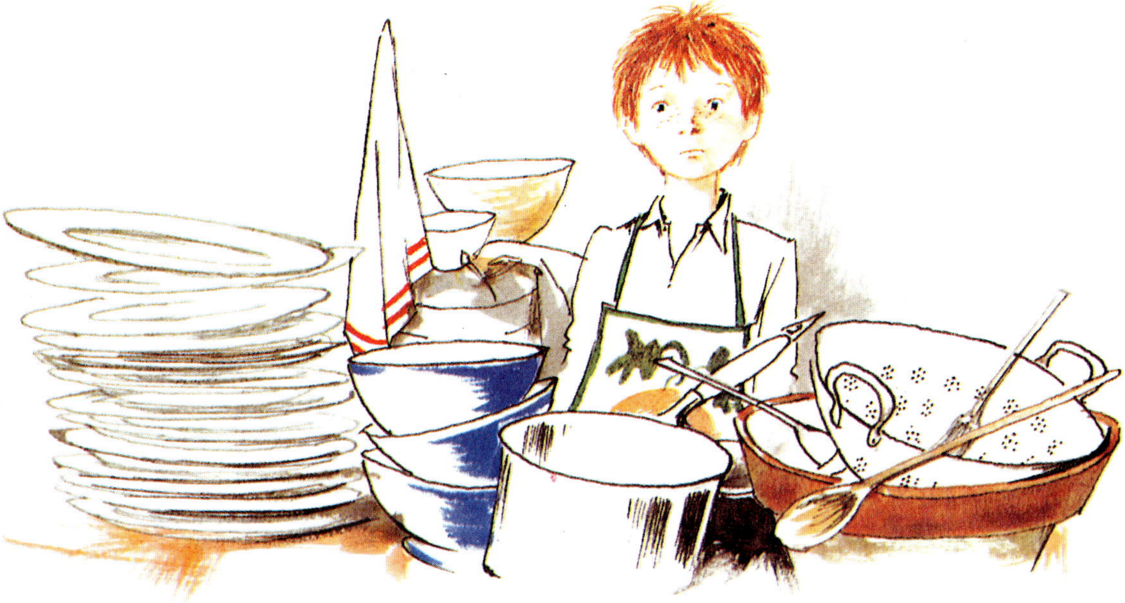

Visa de sortie

- vérifier l'extinction de tous les appareils.
- perfectionner l'ordre.
- relaver ses mains.
- suspendre son tablier.
- et peut-être ouvrir la fenêtre pour aérer...

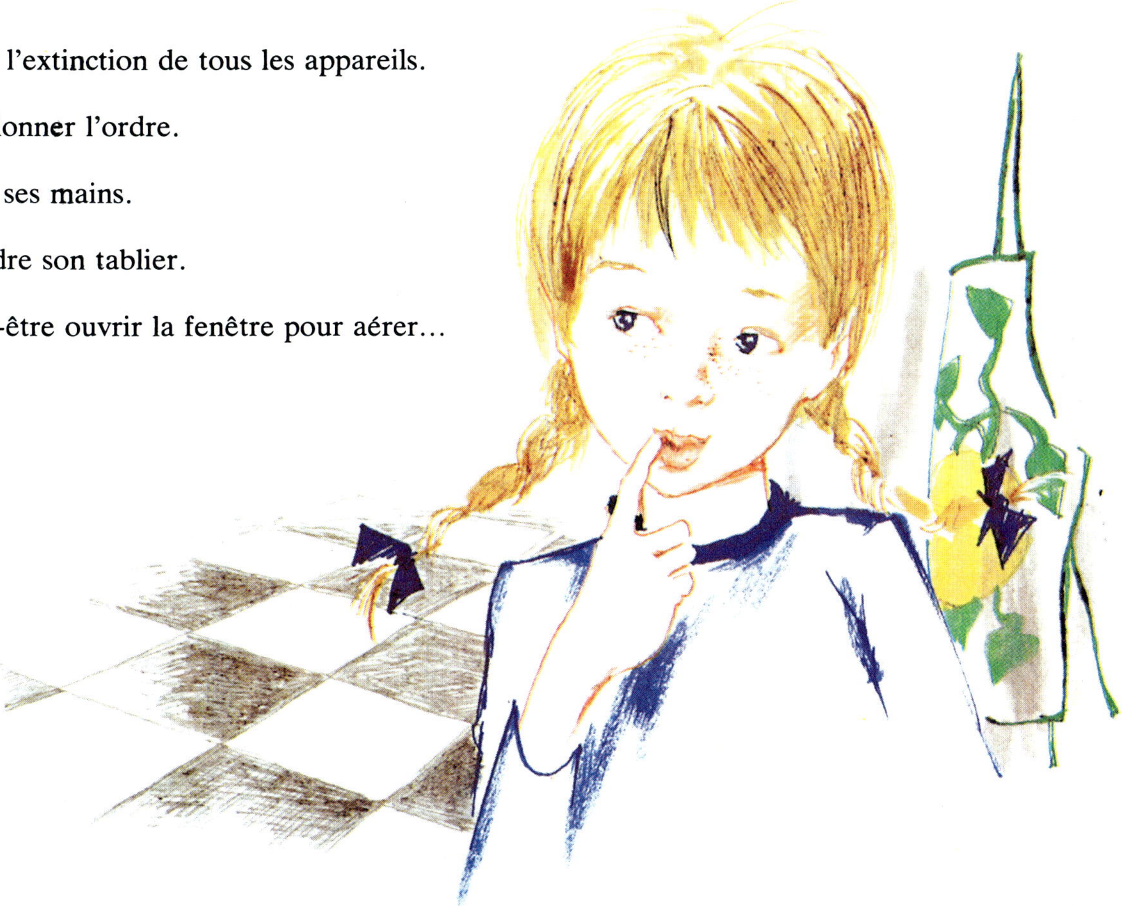

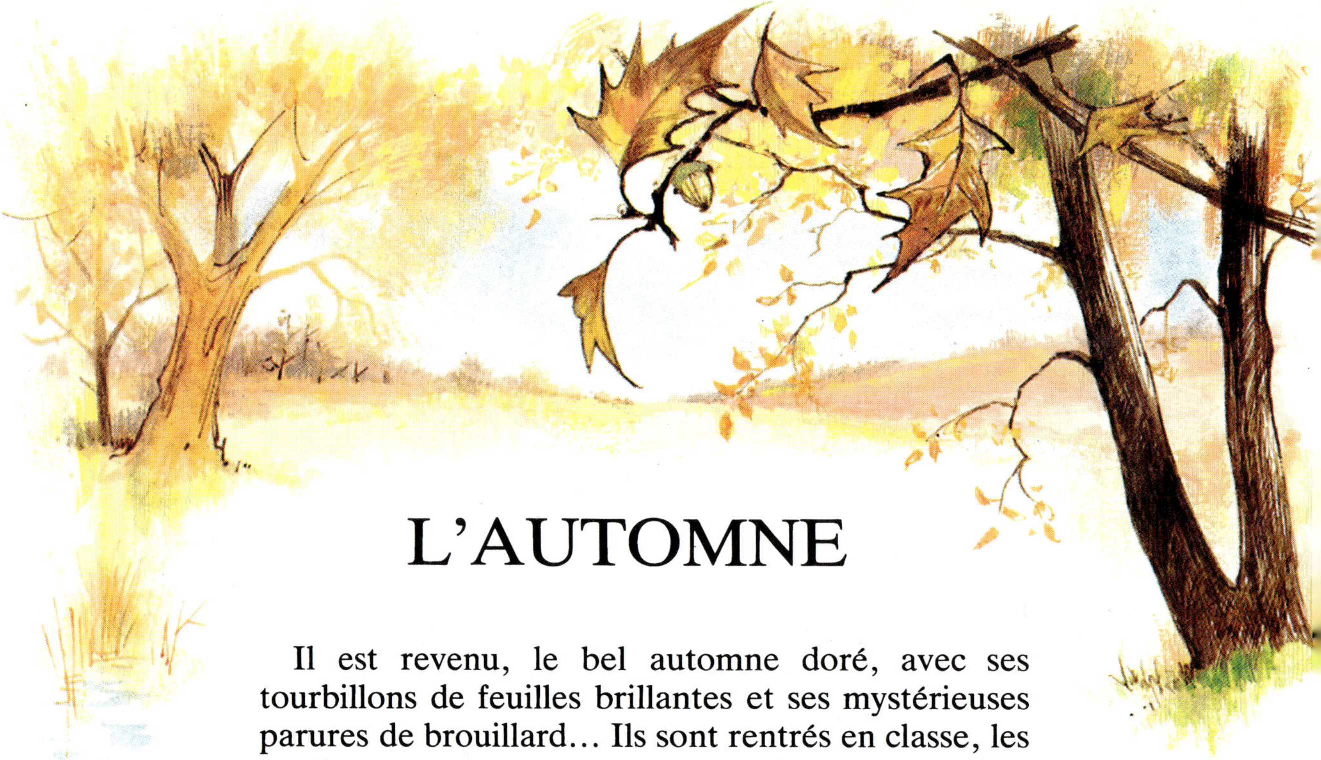

L'AUTOMNE

Il est revenu, le bel automne doré, avec ses tourbillons de feuilles brillantes et ses mystérieuses parures de brouillard... Ils sont rentrés en classe, les écoliers, avec leurs cartables multicolores, et leurs résolutions toutes fraîches !

Sans façon, goûtez nos petits hérissons !

Ce dernier mercredi de septembre, Caroline passe la journée avec ses cousins. Ils habitent dans la banlieue, une vaste maison qui donne, d'un côté, sur la rue, de l'autre, sur un long jardin un peu sauvage. Nicolas annonce son programme : devoir de mathématiques et réparation de sa bicyclette. Marguerite et Caroline ne répondent rien mais se dirigent vers la cuisine avec des mines de conspiratrices; elles aussi ont leurs projets : elles vont préparer de délicieux petits hérissons.

— Oui, vous avez bien entendu.

— Non, n'ouvrez pas des yeux ronds. Lisez plutôt la recette, vous aurez une bonne surprise !

- **1 boîte de poires au sirop**
- **100 g amandes effilées**
- **30 g raisins de Corinthe bien lavés à l'eau froide**

- **un ouvre-boîte**
- **une passoire**
- **une terrine**
- **une petite poêle**
- **un couteau**
- **deux cuillers à soupe**
- **une spatule en bois**
- **une assiette**

J'ouvre la boîte de conserve, et je vide le contenu dans la passoire, que j'ai posée sur la terrine.

(Je recueille ainsi le sirop qui pourra servir de boisson, pour le goûter, par exemple.)

Je laisse bien égoutter les poires.

(Si elles sont entières, je les coupe, par le milieu, avec un couteau.)

Je range les demi-poires sur un plat rond, ou long, en plaçant le côté bombé vers l'extérieur.

Maintenant, je vais faire griller les amandes. Je les mets simplement dans la poêle, sans rien ajouter d'autre. J'allume le gaz, (ou la plaque électrique) seule, ou en présence de maman, suivant les permissions accordées. Je le règle à feu doux et j'y pose ma poêle. Sous l'effet de la chaleur, les lamelles d'amande commencent à blondir. Avec ma spatule de bois, je les tourne très délicatement pour ne pas les casser. Lorsqu'elles sont d'une jolie couleur dorée, j'éteins le gaz et je les fais glisser sans heurt sur une assiette. Puis, je les prends une à une et je les pique sur le dos des poires : mes amandes deviennent piquants de hérisson !

Pour les yeux de mon petit animal, j'utilise deux raisins de Corinthe, que j'enfonce à droite et à gauche de la partie étroite de la poire. Il lui manque encore un museau, à mon hérisson : quatre ou cinq raisins feront l'affaire : je les incruste, bien serrés, entre les deux yeux. Bravo ! L'illusion est parfaite ! Admirez, et puis goûtez, mes petits hérissons !

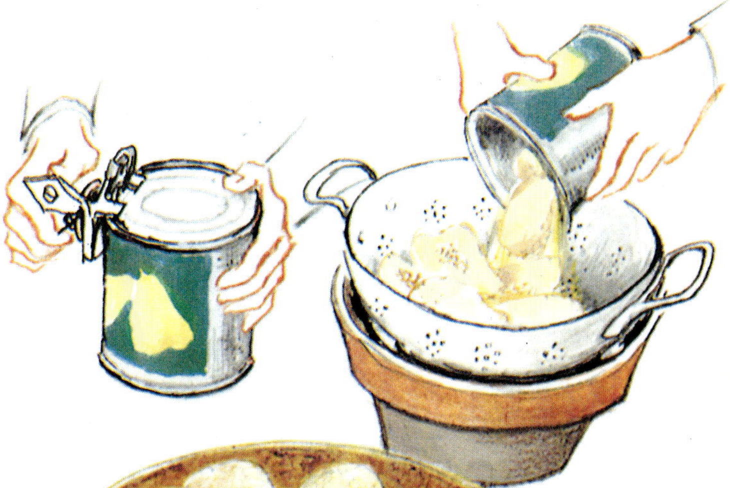

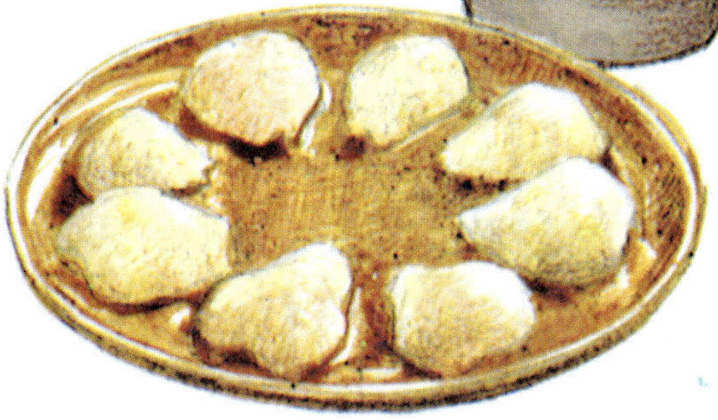

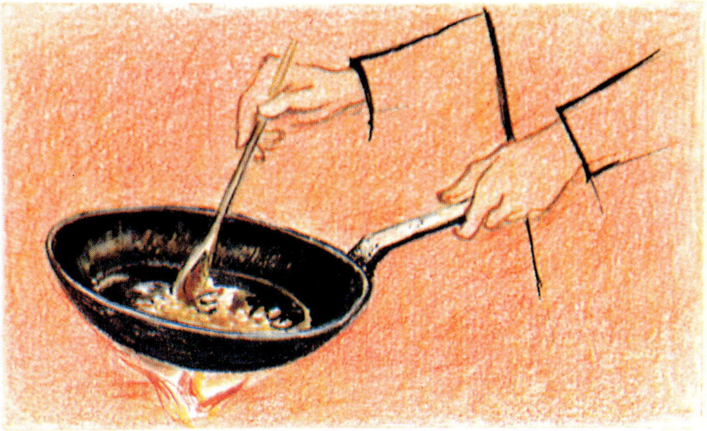

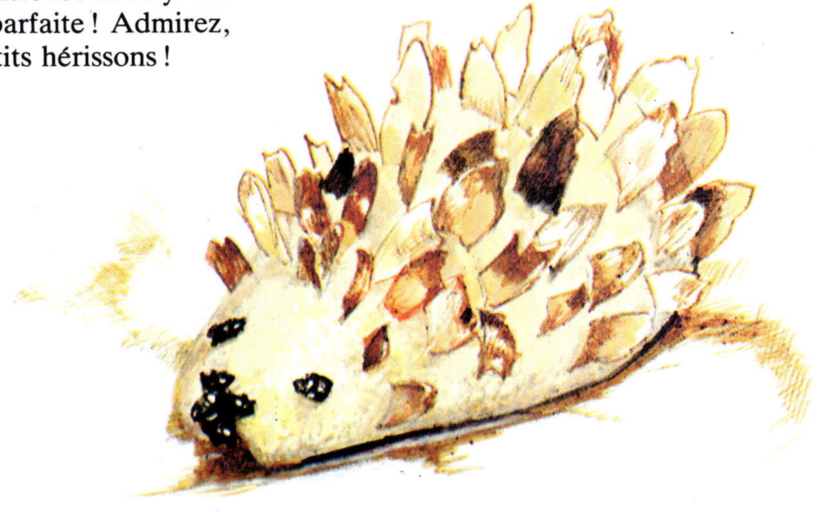

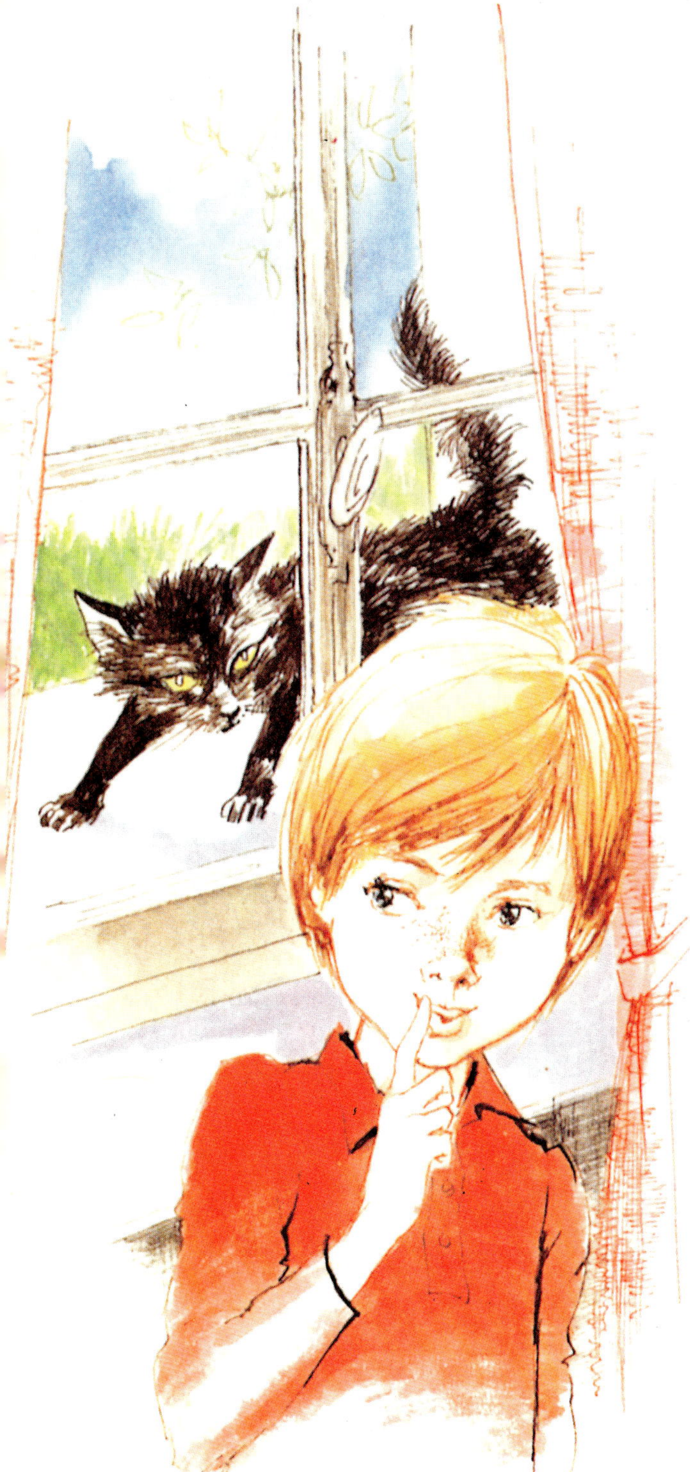

Abracadabra ou les secrets de la mousse au chocolat

« Ce matin, je vais faire de la mousse au chocolat ! » chante à tue-tête Nicolas, à peine sorti de son lit. « Abracadabra, de la mousse au chocolat ! »

— Est-ce que je pourrai te regarder ? demande Marguerite.

— Tu pourras même m'aider ! permet son frère d'un air magnanime.

Un quart d'heure plus tard, les enfants travaillent dans la grande cuisine. Moustique, qui a été expédié au jardin, les espionne par la fenêtre. Surprenons, comme lui, les secrets de cette fameuse mousse au chocolat...

- **6 barres de chocolat (180 g environ)**
- **6 œufs (blancs et jaunes séparés)**
- **2 cuillerées à soupe de sucre en poudre**
- **50 g beurre**
- **2 cuillerées à soupe d'eau**

- **une petite casserole**
- **une terrine**
- **un bol**
- **un fouet à œufs**
- **six à huit « ramequins »**
- **deux cuillers en bois ou spatules**
- **une cuiller à soupe**
- **un couteau**

D'abord, je m'occupe des jaunes d'œuf.

Je prends les œufs et je les casse, l'un après l'autre, en séparant les blancs des jaunes.

Comment séparer les blancs des jaunes ?

Regardez bien : c'est très amusant et un peu acrobatique.

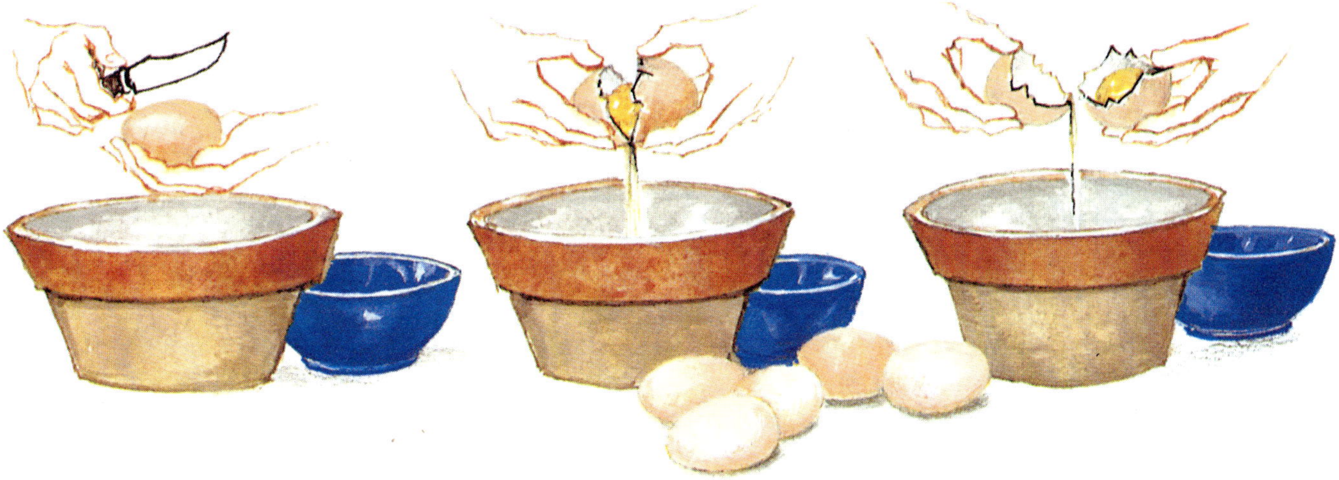

J'ai mis, sur la table, devant moi, une terrine et un bol.

Je prends un œuf dans ma main gauche, un couteau dans ma main droite; avec le couteau, je donne un petit coup sec et décidé sur la coquille qui se fend à moitié.

Sans lâcher mon œuf, je pose le couteau, et je mets mon pouce gauche sur le côté gauche de la fente, mon pouce droit sur le côté droit. Je place l'œuf ainsi tenu au-dessus de la terrine et je laisse couler le blanc.

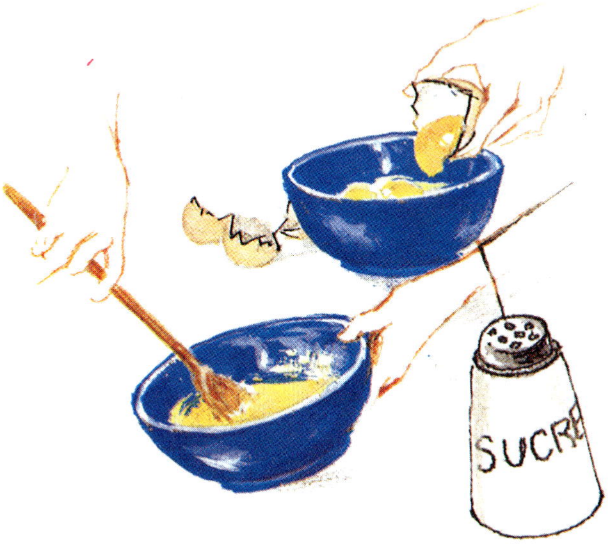

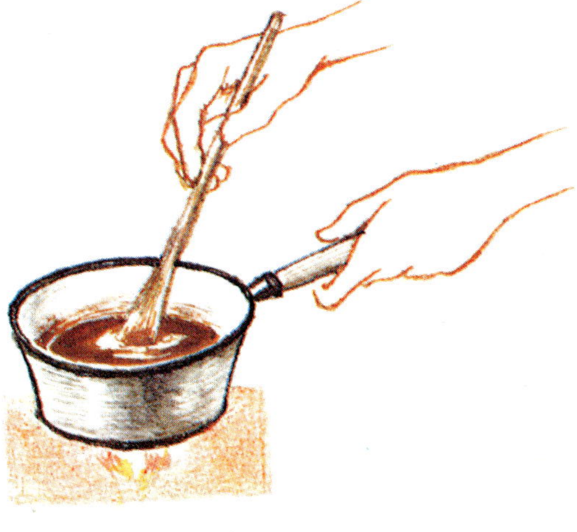

Maintenant, je fais glisser le jaune, comme une petite balle, de la demi-coquille droite à la demi-coquille gauche, puis de cette demi-coquille gauche à la demi-coquille droite, et ainsi de suite, dans un souple mouvement de va-et-vient, léger et cadencé, jusqu'à ce qu'il ne reste plus de blanc; alors seulement je dépose le jaune ainsi « séparé » dans le bol.

Je répète cette opération pour chaque œuf.

A la fin de ces grandes manœuvres, j'ai donc 6 blancs dans la terrine, 6 jaunes dans le bol.

J'ajoute le sucre aux jaunes et je mélange vivement.

Ensuite, je m'occupe du chocolat.

Je casse les barres en morceaux que je jette dans la petite casserole avec les 2 cuillerées à soupe d'eau. Je pose la casserole sur un feu très doux. (Attention à l'allumage du gaz : les consignes de prudence de la première recette sont valables pour tout le livre.) Le chocolat fond lentement. Je tourne avec la spatule pour obtenir une pâte bien lisse. Puis je

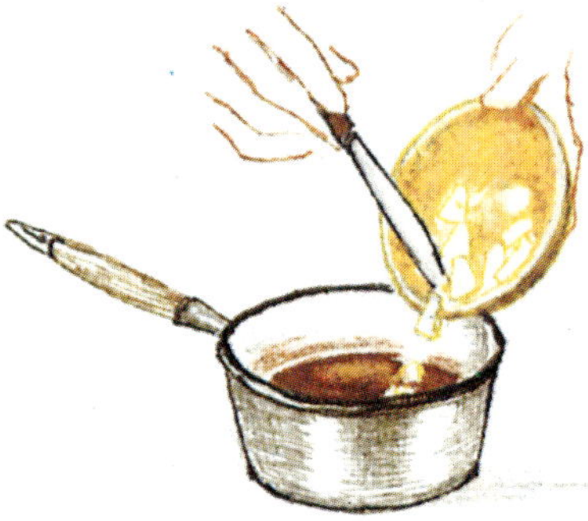
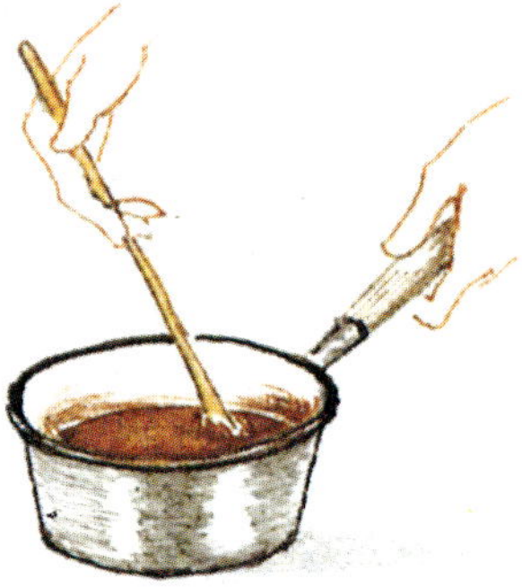
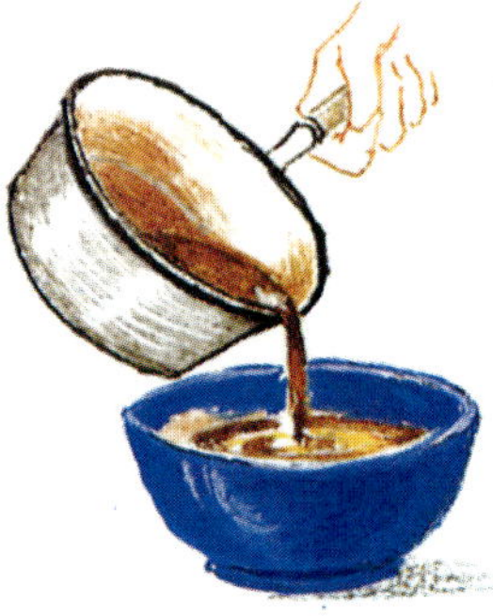
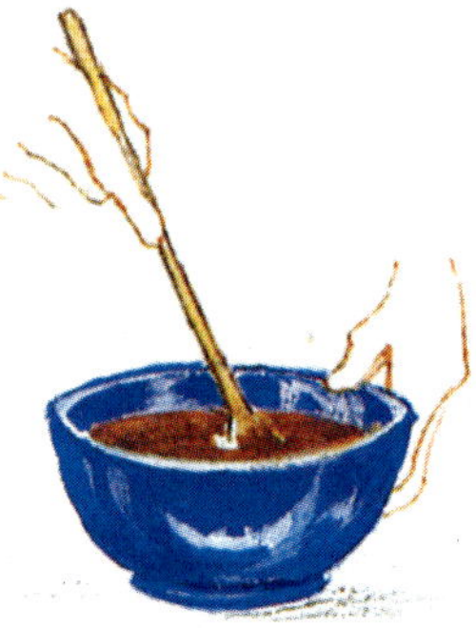

retire la casserole du feu et j'incorpore à ma pâte le beurre taillé en petits morceaux. Je tourne avec grand soin.

Je verse maintenant le contenu de ma casserole dans le bol qui contient sucre et jaunes d'œuf et je mélange avec la cuiller.

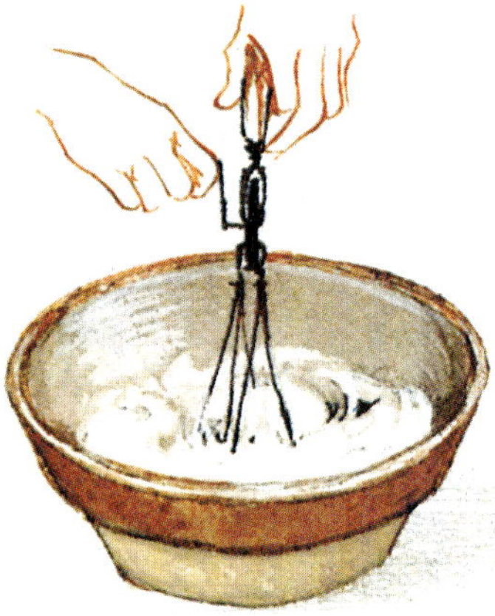
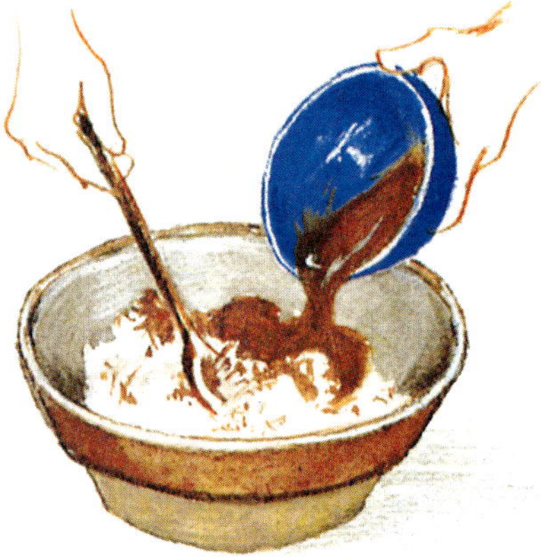
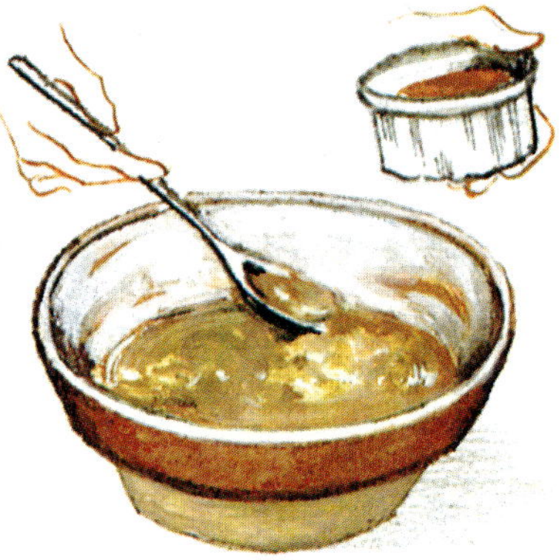

Note : si j'ai de l'aide, comme Nicolas, je peux confier l'opération « jaunes d'œuf » à un « assistant » et commencer tout de suite à faire fondre le chocolat. Ou le contraire...

Puis je m'occupe des blancs d'œuf.

Avec le fouet, je les bats en neige très ferme. Oui, en neige !

C'est magique, cette métamorphose !

Voici enfin l'opération finale :

Avec beaucoup de délicatesse, je laisse tomber la crème de chocolat dans les œufs en neige. Je mélange avec ma cuiller de bois, en soulevant toujours par le dessous, jusqu'à ce qu'il ne reste plus trace de blanc d'œuf.

A l'aide de la cuiller à soupe, je remplis soigneusement les six ramequins sans laisser couler de chocolat sur les bords. (S'il reste encore de la mousse, je remplis un ou deux ramequins supplémentaires.) Puis je les range dans le réfrigérateur pour deux heures, au moins. Oui, je dois être patient et attendre pour savourer mon chef-d'œuvre...

Voilà ! Abracadabra ! Comme Marguerite et Nicolas, vous savez maintenant faire la mousse au chocolat.

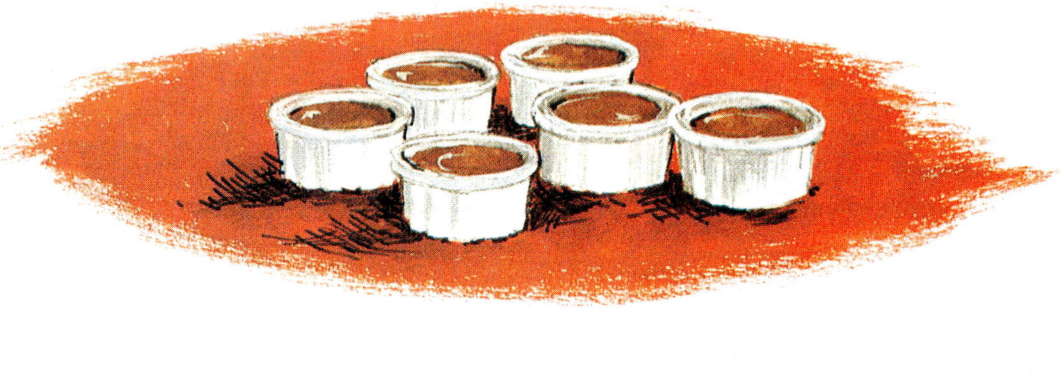

Bravo pour les « chiens chauds » !

C'est un samedi tout gris, un samedi de vent et de pluie, mais nullement un samedi d'ennui pour les trois cousins, qui sont réunis chez Caroline. Ils ont entrepris, dans la petite cuisine blanche et verte, la préparation d'une recette américaine, les « hot dogs », ce qui veut dire les « chiens chauds ».

Rassurez-vous, il n'est pas question de manger Médor, mais plutôt des petits pains bien chauds fourrés avec des saucisses de Francfort.

pour 6 personnes

- **6 petits pains briochés**
- **6 saucisses de Francfort**
- **6 cuillerées à café de moutarde**

- **une casserole de 18 cm de diamètre**
- **une écumoire**
- **un couteau qui coupe bien**
- **une petite cuiller**
- **une feuille d'aluminium**
- **un plat**

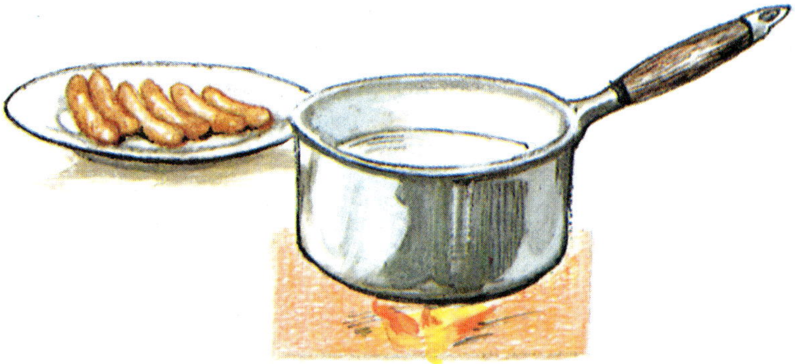

Je vais d'abord faire cuire les saucisses.

Je mets de l'eau dans la casserole jusqu'à 3 cm du bord et je la pose sur le feu. Au moment où cette eau bout, je diminue la chaleur et j'y plonge les saucisses. Je compte dix minutes de cuisson à petit feu et sans couvercle. (Je peux régler mon compte-minutes.)

Maintenant, je vais chauffer les petits pains.

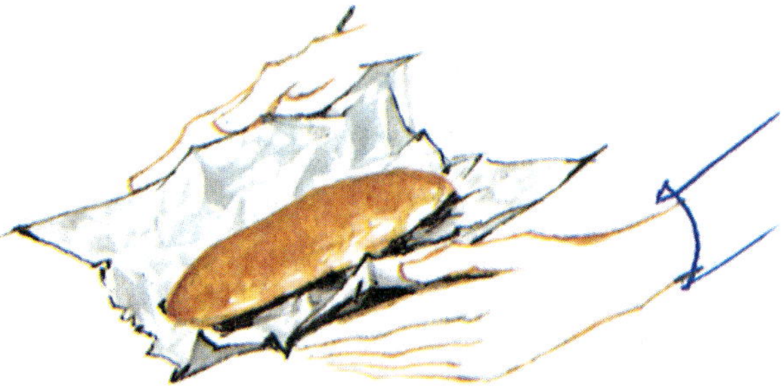

Je les enveloppe, sans les serrer, dans le papier d'aluminium et je range ces paquets sur la grille que je glisse dans un four doux, thermostat 2, pendant dix minutes.

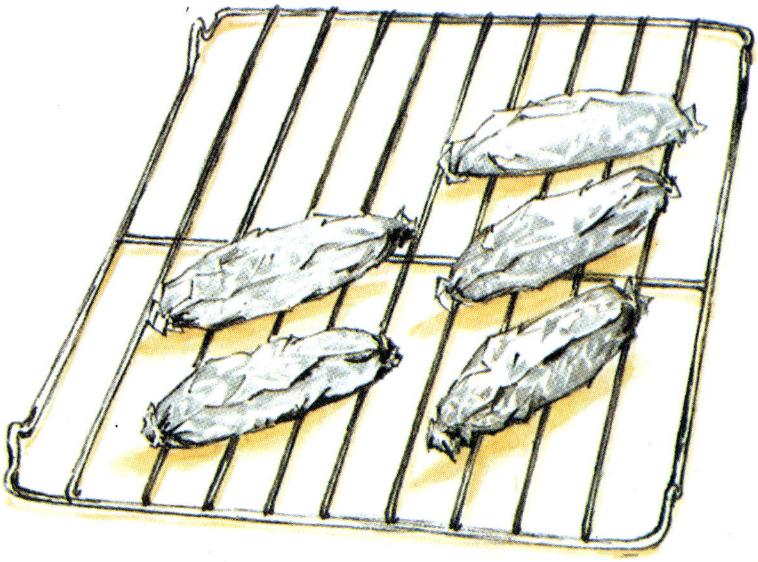

Dring ! Le compte-minutes sonne : les saucisses sont cuites. J'éteins le feu mais je laisse les saucisses dans la casserole, en attendant que les petits pains soient complètement réchauffés.

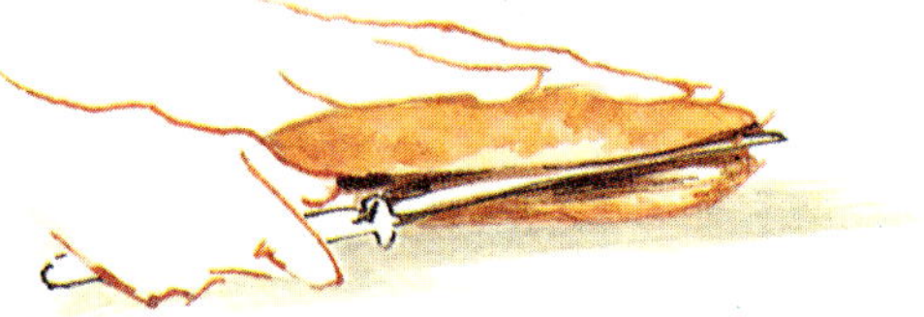

Le moment venu, je prends un petit pain, je le déballe, et je l'entr'ouvre avec mon couteau. Puis, à l'aide de l'écumoire, je retire de l'eau une saucisse, je l'enduis de moutarde et je la glisse dans le petit pain. Bravo ! Voilà un premier « chien chaud » !

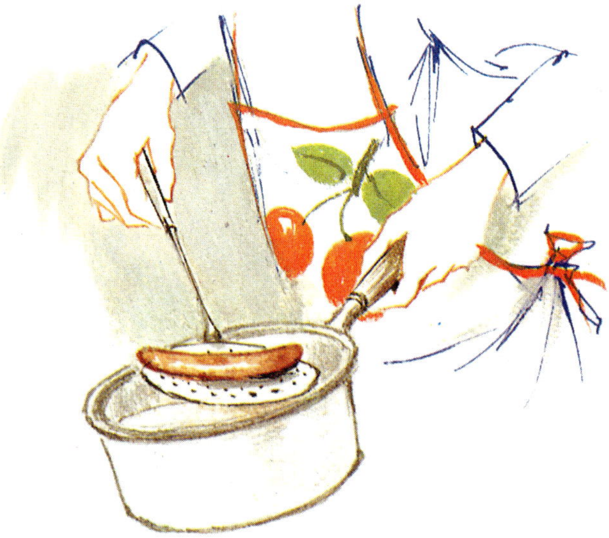

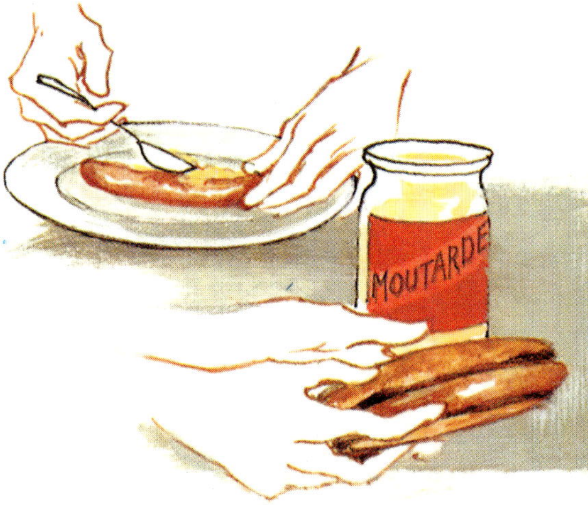

Je me dépêche de préparer les autres, que j'installe, au fur et à mesure, sur un plat.

Puis je souhaite bon appétit à mes parents, frères, sœurs, cousins ou amis, et, en leur compagnie, je savoure, sans plus tarder, mon délicieux « hot dog »...

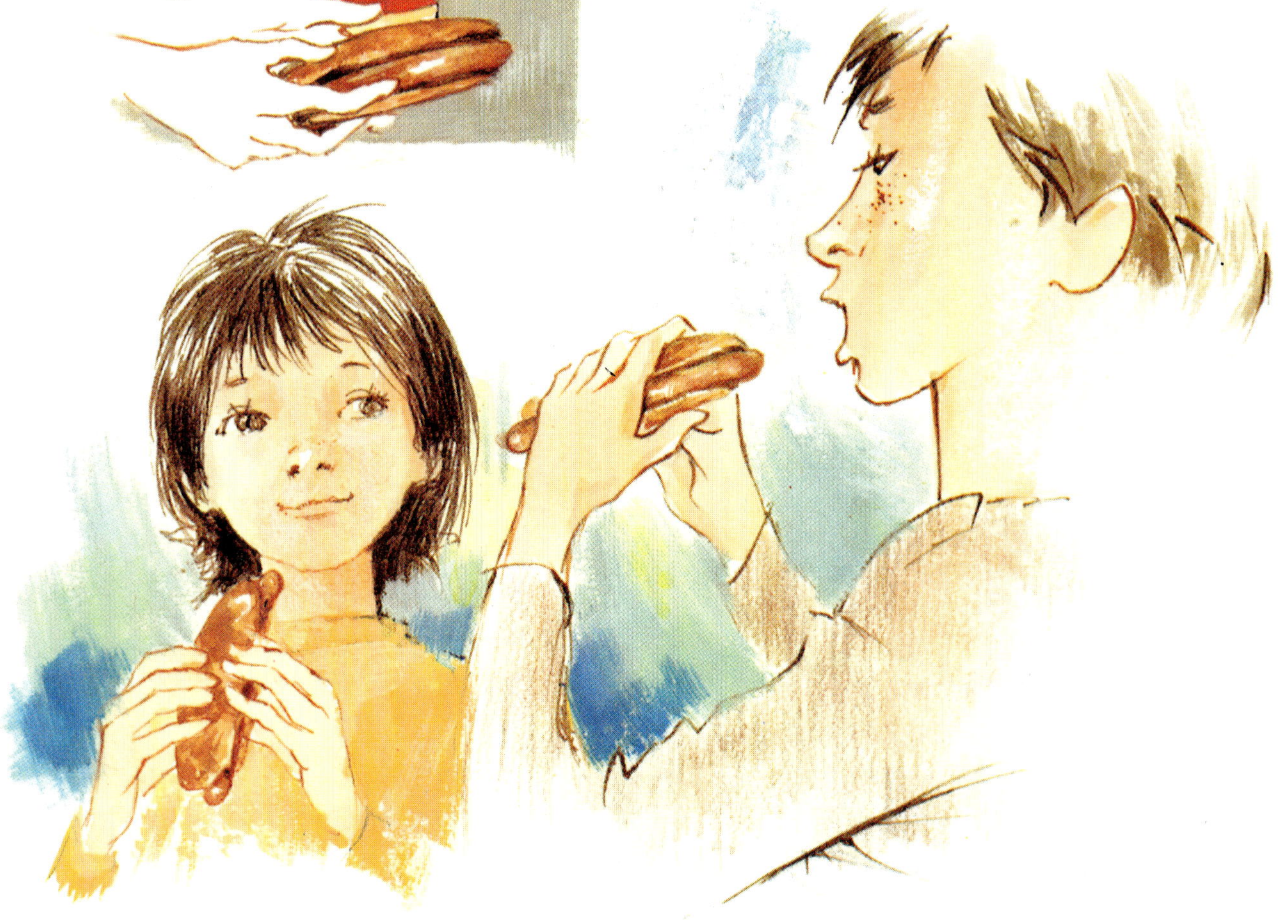

De fameux rochers à la noix de coco

Ni Caroline, ni Marguerite ne sont là, cette après-midi, pour assister Nicolas dans ses aventures culinaires... L'une est enrhumée, et l'autre, invitée chez une amie de classe.

« Tant pis ! Tant mieux ! » chante à plein gosier notre joyeux marmiton. « Je me débrouillerai très bien tout seul ! » Et il pénètre dans la cuisine avec l'assurance d'un chef... Il a choisi de confectionner un dessert inattendu : des rochers à la noix de coco.

- **250 g poudre de noix de coco**
- **300 g sucre**
- **1 sachet de sucre vanillé**
- **5 blancs d'œuf**
- **1 pincée de sel**
- **1 cuillerée à café de beurre, pour la plaque**

- **une casserole de 16 cm de diamètre**
- **une fourchette**
- **un bol**
- **deux petites cuillers**
- **un couteau**
- **une grille à gâteaux**

Je sépare les blancs d'œuf, comme j'ai déjà appris à le faire. (cf. recette de la mousse au chocolat P. 12). (Je garde les jaunes dans un bol à part : ils serviront à maman pour un plat cuisiné, crème anglaise ou omelette, par exemple.)

Je verse les blancs dans la casserole avec le sucre en poudre et le sucre vanillé. Je pose sur un feu doux et je bats régulièrement avec ma fourchette.

Le mélange, peu à peu, devient mousseux, tout en chauffant lentement. Je continue à battre. C'est fatigant : courage !

Quand cette préparation est bien chaude — non pas brûlante — (pour le savoir, j'y trempe un doigt très propre...) je retire la casserole du feu, mais je bats toujours, afin que la mousse refroidisse un peu.

J'ajoute alors la poudre de noix de coco, je mélange et j'obtiens ainsi une pâte épaisse.

J'allume le four, thermostat 2, après en avoir retiré une plaque, et je le laisse chauffer dix minutes.

Je beurre la plaque en la frottant avec un papier propre imprégné de beurre.

Maintenant, voici le moment de modeler mes rochers !

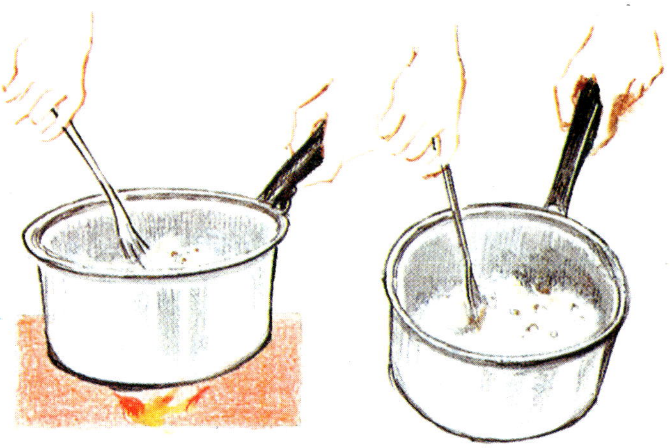

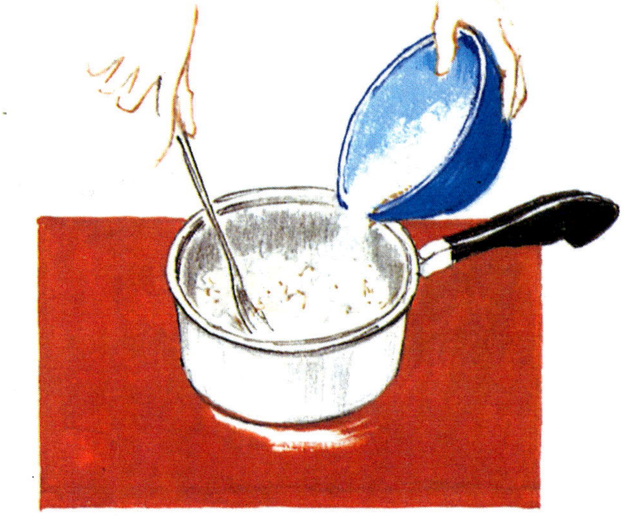

Je prends dans la casserole une cuillerée à dessert de pâte, que je dépose sur la plaque beurrée en m'aidant d'une petite cuiller.

Puis je passe mes mains sous le robinet d'eau froide, et ainsi, avec mes doigts humides (pour qu'ils ne collent pas), je façonne ce petit tas de pâte : en le pressant, le pinçant, l'allongeant, je lui donne peu à peu la forme d'un rocher.

Je recommence cette opération jusqu'à ce qu'il ne reste plus de pâte dans la casserole.

Je glisse la plaque régulièrement garnie au milieu du four et je laisse cuire vingt à vingt-cinq minutes, thermostat 3.

Je tâte alors un rocher : est-il bien ferme ? Non. Il me semble un peu mou. Mes rochers resteront donc dans le four encore cinq bonnes minutes.

Enfin je peux retirer ma plaque. Pour décoller les gâteaux, je passe, sous chacun d'eux, la lame d'un couteau, puis je les pose sur une grille : ils refroidiront à leur aise...

Ce soir-là, devinez ce que notre Nicolas savoure avec le plus de satisfaction : ses fameux rochers à la noix de coco, ou les compliments émerveillés de sa sœur Marguerite ?

— Vous donnez votre langue au chat ?

— Moi aussi...

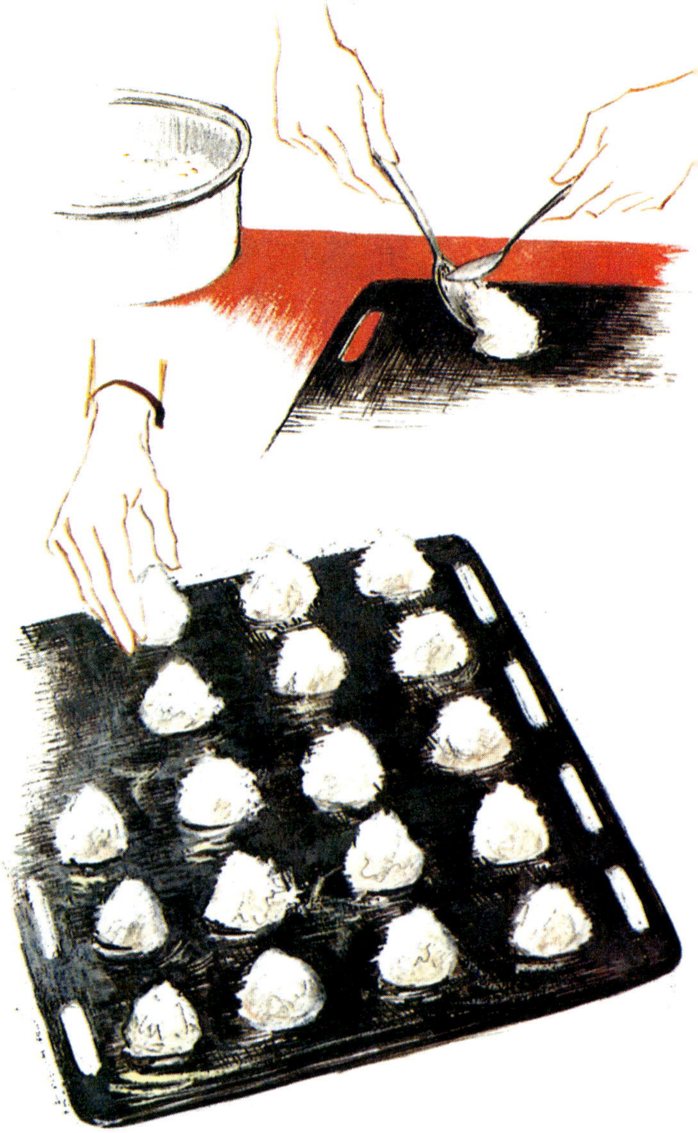

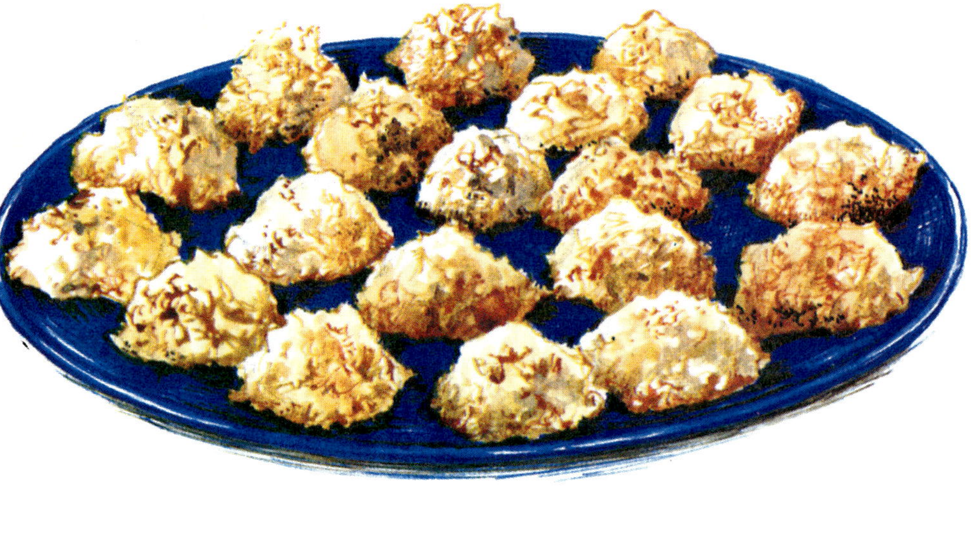

Le cake aux fruits confits

— Demain, c'est la fête de Nicolas ! s'écrie Marguerite. Si nous lui fabriquions un gâteau ?

— Oui, oui, bonne idée ! approuve Caroline. Il est tellement gourmand ! Et puis, aujourd'hui, mercredi, nous avons le temps.

— Mais il faut choisir un gâteau qui sera encore bon demain ! remarque Marguerite.

— Vous pouvez confectionner un cake aux fruits confits, suggère la maman. Dans une boîte en fer, il se gardera à merveille, même plusieurs jours...

— N'est-ce pas trop difficile ? s'inquiète Marguerite.

— Non. Voici la recette :

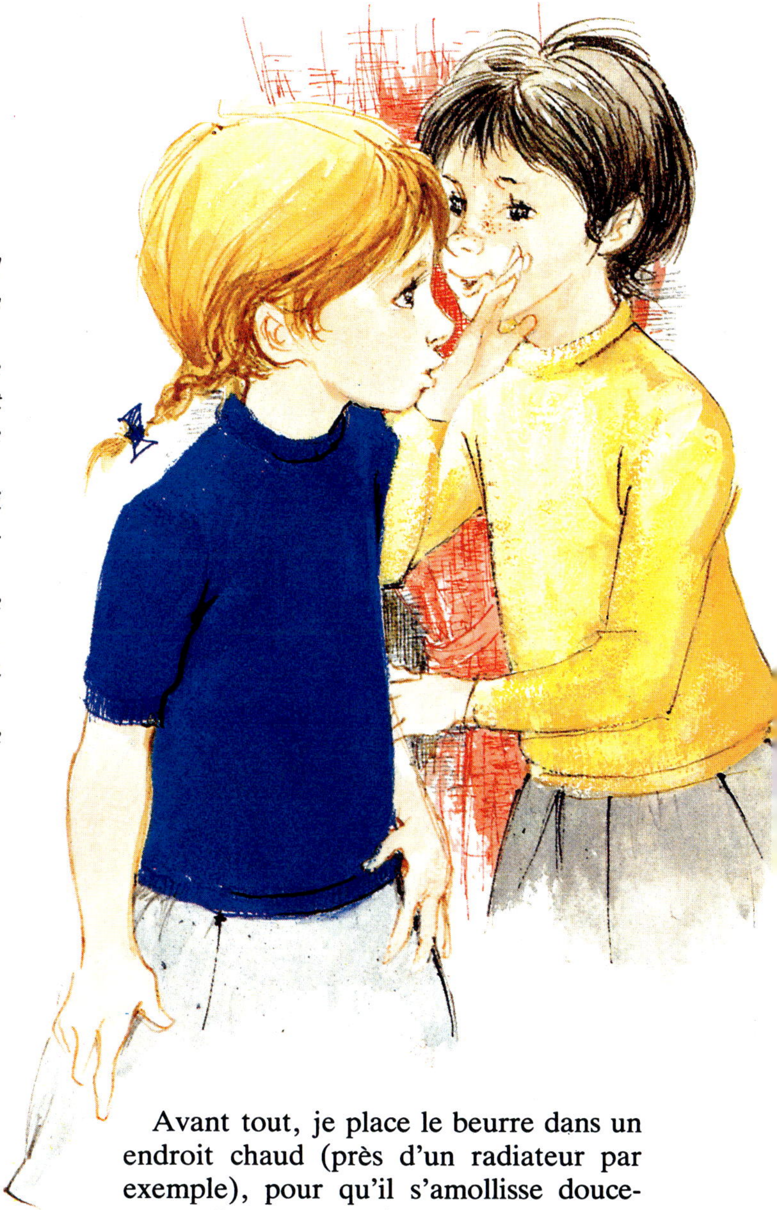

- **250 g farine**
- **165 g beurre**
- **125 g sucre**
- **3 œufs**
- **100 g fruits confits**
- **50 g raisins de Smyrne**
- **50 g raisins de Corinthe**
- **2 cuillers à soupe de rhum**
- **1 pincée de sel**
- **8 g levure alsacienne**

- **une terrine**
- **deux assiettes à soupe**
- **deux assiettes à dessert**
- **deux bols**
- **une planche en bois**
- **un moule à cake 25 cm**
- **du papier sulfurisé**
- **une cuiller en bois**
- **un couteau**
- **une passoire à gros trous**
- **un tamis**

Avant tout, je place le beurre dans un endroit chaud (près d'un radiateur par exemple), pour qu'il s'amollisse doucement. Je ne pourrais pas travailler ma pâte avec du beurre dur.

Et je prépare les fruits.

Les fruits confits : j'en choisis quelques-uns, mettons trois cerises, une lamelle d'orange et un petit morceau d'angélique, que je garde, en réserve, sur une assiette : je m'en servirai, tout à l'heure, pour décorer mon gâteau. Les autres, je les range sur la planche en bois, je les coupe en petits morceaux, je les fais glisser dans un bol et je les arrose avec 2 cuillers à soupe de rhum.

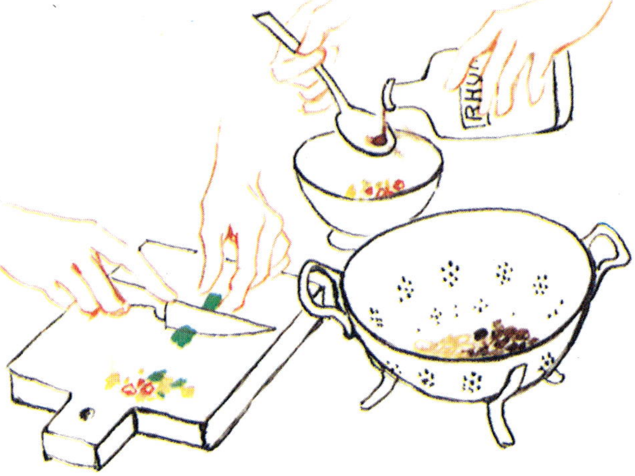

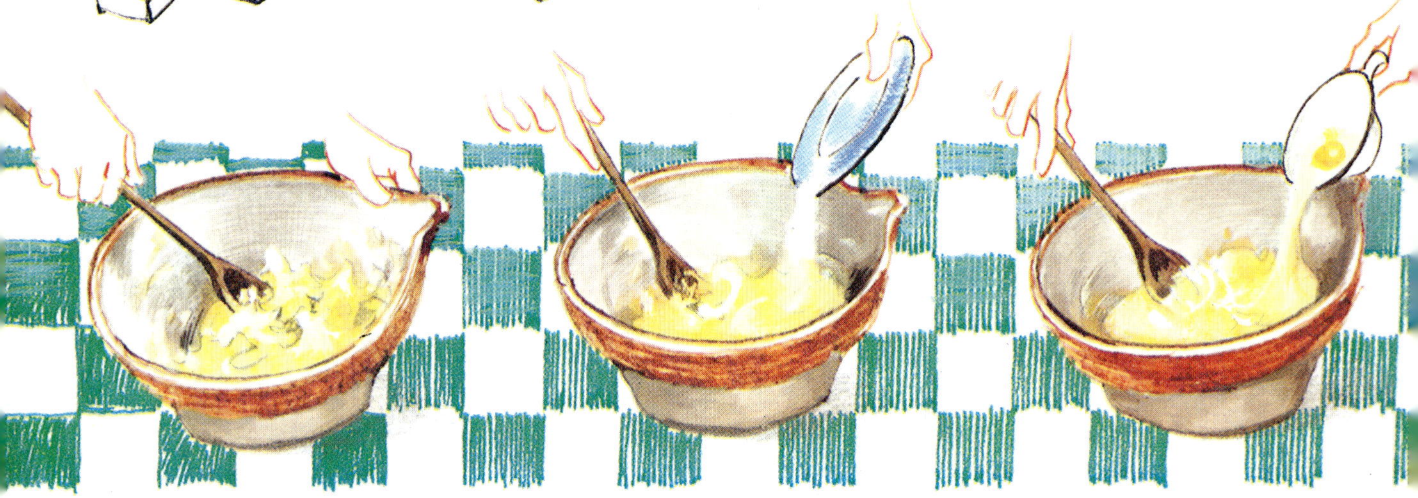

Les raisins de Smyrne et de Corinthe : je les lave à l'eau tiède, dans une passoire à gros trous. Je les égoutte soigneusement et je les ajoute aux fruits confits : en baignant dans le rhum, tous vont ainsi s'imprégner de son parfum pendant que je confectionne ma pâte.

Voici donc la fabrication de la pâte.

Je prends le beurre, qui a eu le temps de ramollir et je le mets dans la terrine. J'y jette également le sucre et une petite pincée de sel; et, avec ma cuiller en bois, je malaxe, triture et travaille ces ingrédients pour qu'ils deviennent une pâte homogène, c'est-à-dire bien mélangée, régulière et unie.

J'ajoute alors un œuf entier. (Je le casse dans un bol à part, pour vérifier sa fraîcheur et éviter les morceaux de coquille, puis je le verse dans la terrine.) A l'aide de ma cuiller, je l'incorpore à la pâte, c'est-à-dire qu'à force de tourner, je l'y mêle étroitement. J'ajoute, de la même manière, le deuxième puis le troisième œuf.

Maintenant, la farine : je la tamise (c'est très amusant : hop-là ! hop-là ! et

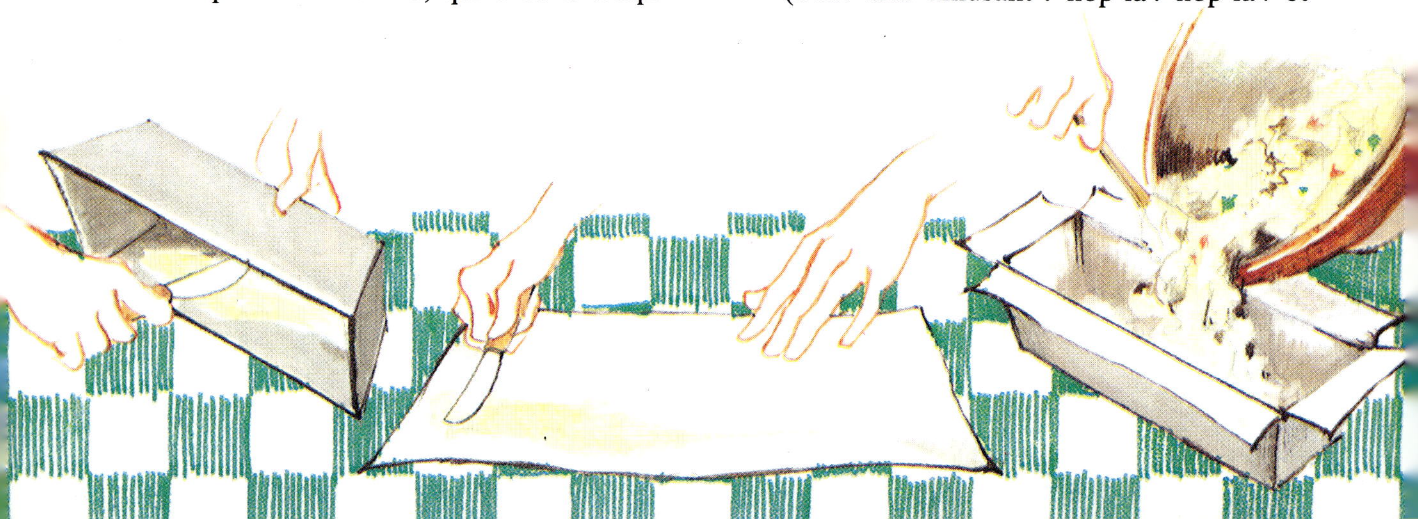

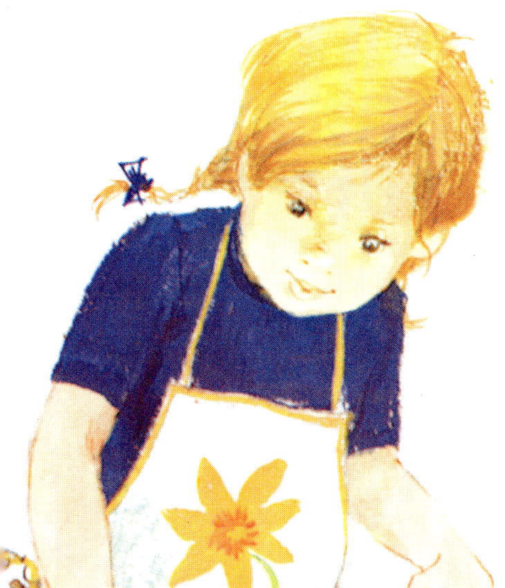

J'enfourne mon gâteau et je le laisse cuire environ 45 minutes. (Pour savoir s'il est cuit, j'y enfonce la lame d'un couteau : si elle ressort salie par une traînée de pâte, mon gâteau n'est pas encore cuit; il le sera lorsque la lame restera intacte.)

C'est le moment de le sortir du four, de le démouler et de le décorer, à ma guise, avec les fruits confits.

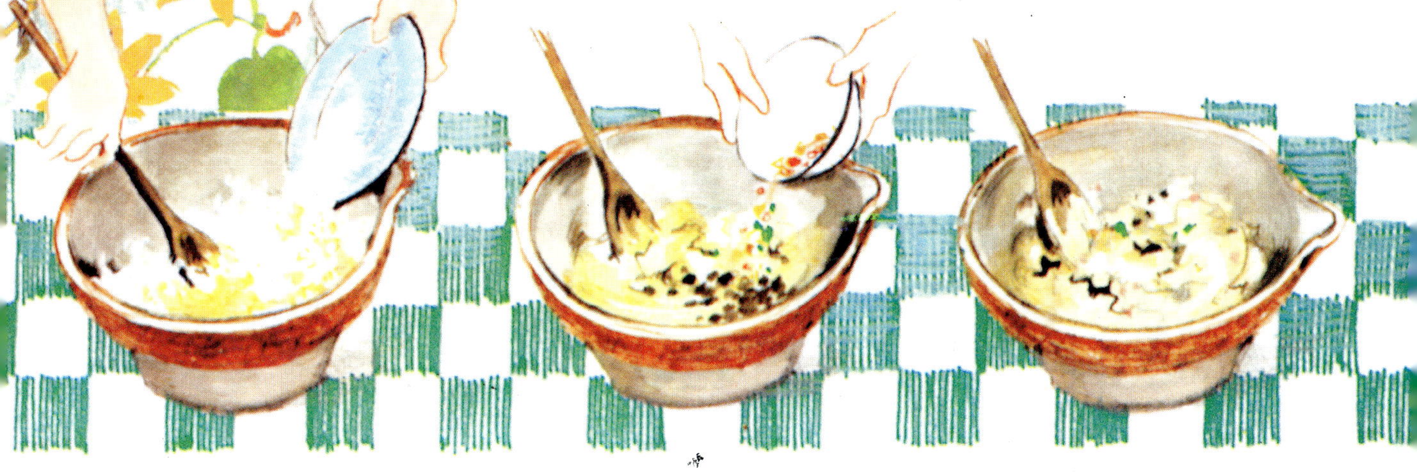

cela empêche les grumeaux), et je la verse, d'un seul coup, dans ma terrine. C'est alors que j'ai besoin d'énergie et d'entrain, car il faut remuer très vigoureusement ce mélange afin que la pâte devienne légère, légère...

Un petit entracte pour allumer le four, thermostat 6, qui doit chauffer dix minutes.

Dans la terrine, il ne reste plus qu'à ajouter les fruits confits, les raisins, le rhum et la levure. Encore trois tours de cuiller, ma pâte est terminée !

Je prends alors le moule, je le beurre et je le « chemise », c'est-à-dire je le garnis, avec le papier sulfurisé lui-même beurré. J'y verse alors la pâte : elle ne doit pas monter jusqu'en haut, mais s'arrêter aux 3/4.

Ah ! Quelle bonne odeur ! Et quel joli gâteau, brun, doré, rehaussé des couleurs vives et gaies des cerises, de l'orange et de l'angélique ! Nicolas aura une savoureuse surprise ! Que c'est appétissant, un cake aux fruits confits...

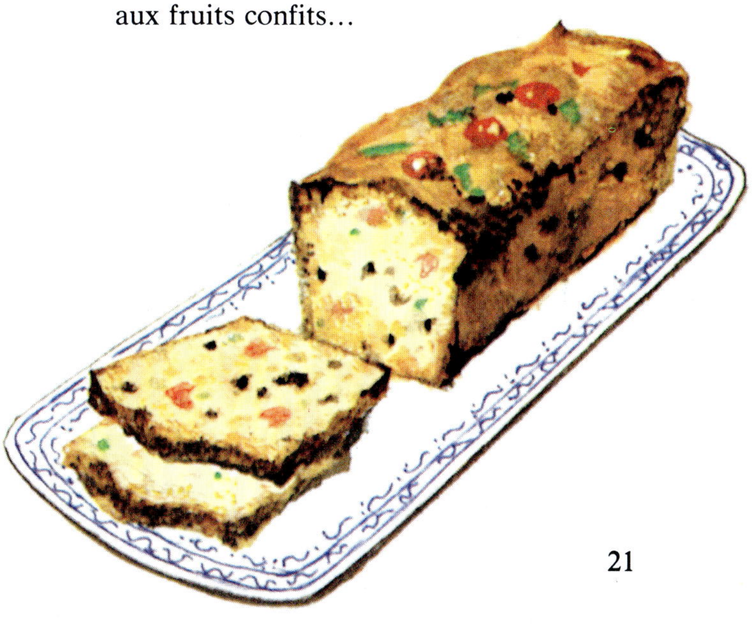

L'HIVER

Comme elles sont magiques, les après-midi d'hiver, avec leurs contrastes si vifs : dehors, le froid pique et l'ombre inquiète l'écolier qui s'attarde; à l'intérieur, la chaleur et la lampe tôt allumée répandent mille sortilèges… Comme ils sont gais et variés, les jeux que l'on invente, bien à l'abri dans la maison, les plats que l'on prépare dans la cuisine accueillante !

Fruits fourrés : fruits de fête !

Bonnet, écharpe et moufles de laine, Marguerite, bien emmitouflée, accompagne sa maman au marché; mais, là, constate avec une moue chagrine que le choix de fruits ne varie guère sur les étalages.

« Encore des pommes, toujours des oranges et des bananes ! » soupire-t-elle avec regret. « J'ai envie de fraises, de cerises, d'abricots ! »

— Patience ! Ce n'est pas la saison ! répond sa maman. Chaque fruit en son temps ! Mais si tu désires du changement, nous allons acheter ce qu'il faut pour préparer de délicieuses friandises…

Et, chez une marchande dont la table est chargée de boîtes mystérieuses, la maman de Marguerite fait d'alléchantes emplettes.

Dès son retour, bientôt rejointe par Nicolas, Marguerite se met au travail : elle est curieuse de voir et de goûter le résultat de cette nouvelle recette…

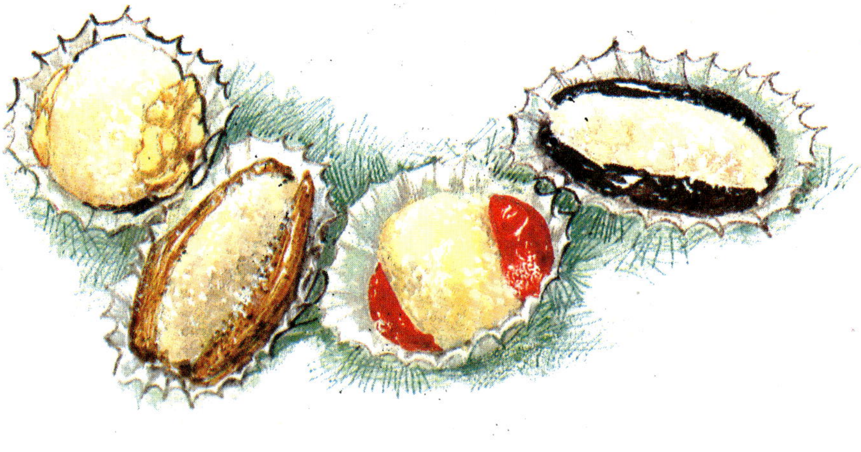

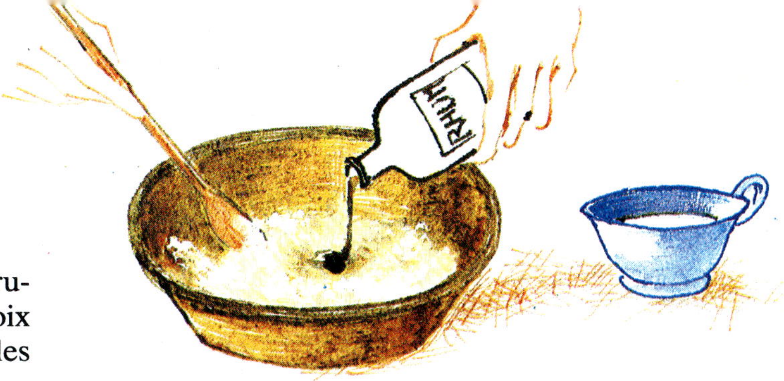

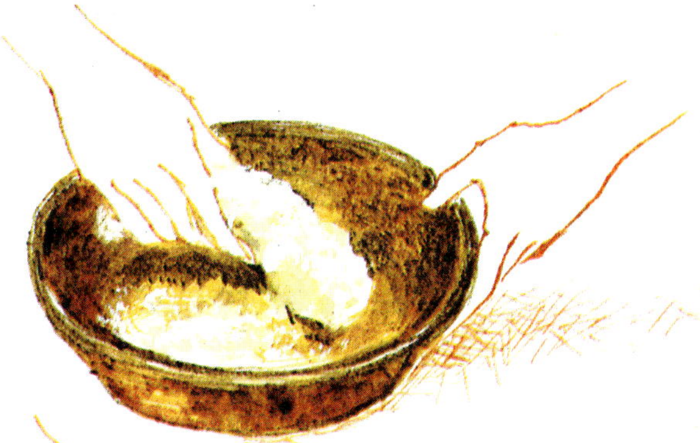

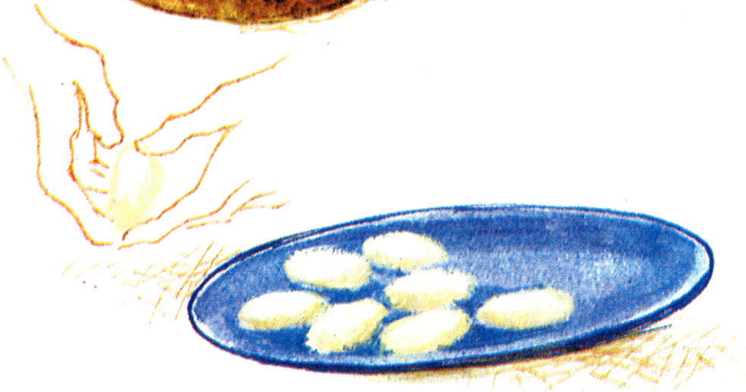

Recette pour 30 fruits

Je peux utiliser des dattes, des pruneaux, des cerises confites, des demi-noix (on les appelle : cerneaux). Je vais les fourrer avec de la pâte d'amandes.

Pâte d'amandes pour 30 fruits

- **125 g poudre d'amandes**
- **125 g sucre glace**
- **1 cuiller à soupe de crème de riz (farine de riz)**
- **1 cuiller à soupe d'eau chaude**
- **1 cuiller à café de rhum**
- **3 cuillers à soupe de sucre cristallisé (ou de sucre semoule)**

- **une cuiller**
- **une petite tasse**
- **une planche à pâtisserie**
- **un couteau**
- **deux assiettes**
- **30 caissettes en papier (en vente chez les papetiers et dans les grandes surfaces)**

Je mets la farine de riz dans la petite tasse et je la délaye avec l'eau chaude; je laisse la tasse de côté.

Je prends ma terrine, j'y jette la poudre d'amandes puis le sucre glace et je mélange à la cuiller. Je creuse un puits, c'est-à-dire un petit trou, au milieu de ce mélange et j'y verse le rhum et la farine délayée dans la tasse.

Avec ma cuiller, je tourne doucement pour obtenir une pâte, mais cela n'est pas très facile. Je dois y mettre les mains (je les lave et je les rince abondamment pour qu'elles ne sentent plus le savon). Je travaille donc ce mélange (avec une main, ou deux, comme il me plaît) en le pressant bien afin de le rendre souple, comme de la pâte à modeler.

Voilà ma pâte d'amandes prête : elle est jaune très pâle, presque blanche. Ce serait sûrement très joli de la colorer, mais c'est bien meilleur pour la santé de ne pas ajouter de colorant : alors je la laisse « naturelle ».

Note : Si je n'ai pas le temps de préparer moi-même ma pâte d'amandes, je peux l'acheter, en rouleaux, dans une grande épicerie, ou dans une confiserie. Il suffira de la pétrir pour l'assouplir.

Cette pâte, fabriquée ou achetée, je la divise en autant de morceaux qu'il y a de fruits à fourrer. 30 fruits, 30 petits morceaux. Je les pétris à la main pour en faire, d'abord des boules, puis, en les aplatissant un peu, de grosses olives. Je les pose, au fur et à mesure, sur une assiette.

Remarque : la pâte d'amandes qui servira à fourrer les cerises sera modelée en forme de boule.

Préparation des fruits :

Par exemple : 10 pruneaux, 10 dattes, 5 cerises, 5 noix, ou bien, moins de pruneaux et plus de cerises, ou moins de dattes et plus de noix, ou encore, uniquement des pruneaux, à votre guise !

Les dattes

Je les roule sur la planche à pâtisserie pour les ramollir un peu; puis, avec mon couteau, je fends une datte dans le sens de la longueur et j'enlève le noyau : j'ai devant moi une petite boîte allongée, dans laquelle je place un morceau de pâte d'amandes. Je rabats le couvercle.

Je mets du sucre cristallisé sur l'autre assiette. J'y roule la datte, en appuyant fort pour que le sucre adhère bien. Bravo ! Voici une jolie petite datte fourrée ! Maintenant, je la place soigneusement dans une caissette de papier et je la pose sur un plat.

Les pruneaux

J'enlève les noyaux, dans la longueur, comme pour les dattes. Je remplis de pâte d'amandes. Je roule dans le sucre et je mets en caissette de papier.

Les cerises confites

(Je me rappelle que la pâte d'amandes, qui servira à fourrer les cerises, sera modelée en forme de boule, non d'olive.)

Je les coupe en deux. Je pose une demi-cerise, comme un petit chapeau, sur une boule de pâte d'amandes. A l'opposé, je place l'autre demi-cerise. Je roule dans le sucre, et je mets dans une caissette ronde.

Les noix

Pour les « cerneaux » de noix, j'emploie la même méthode. Je remplace deux demi-cerises par deux cerneaux; j'appuie bien pour que la noix adhère à la pâte d'amandes; je roule dans le sucre et je mets en caissette ronde.

Ah ! Que c'est joli, tous ces fruits en costume de fête ! Et, comme Marguerite et Nicolas, vous les trouverez encore plus merveilleux quand vous y aurez goûté !

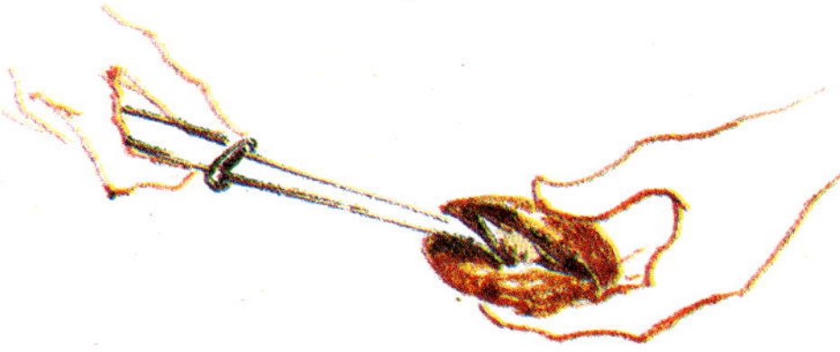

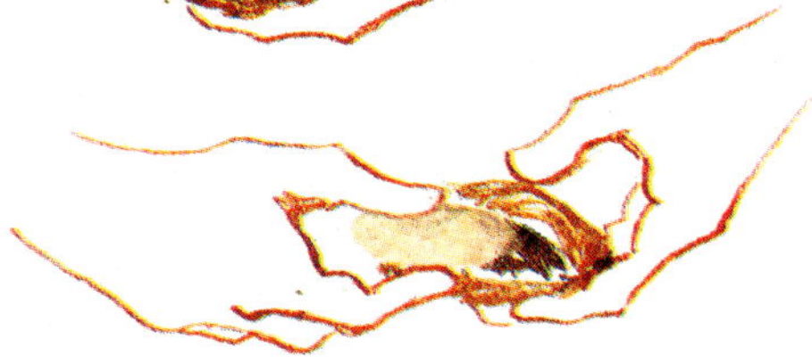

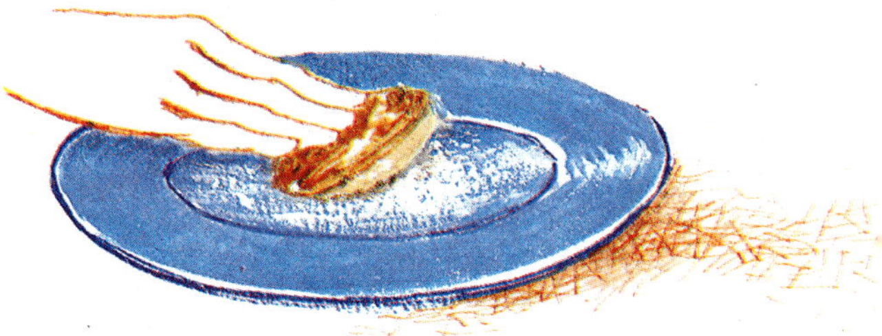

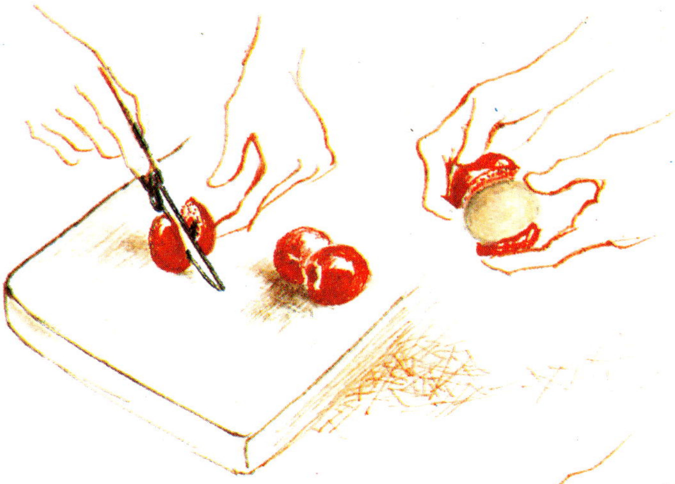

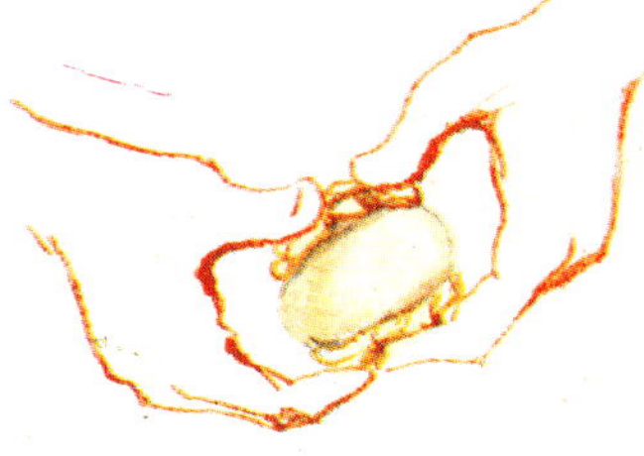

Quelques idées gaies pour un goûter...

Quelle chance de passer les vacances de Noël à la campagne, dans une vieille maison familiale ! Quel bonheur de retrouver ses signes secrets : l'escalier qui craque, le vent dans les cheminées, les recoins d'ombre et le parfum des feux de bois ! Nicolas, Marguerite et Caroline savourent avec enchantement ces menus trésors...

Aujourd'hui, il y a les cousins de Compiègne qui viennent goûter : il faut fêter cet événement; nos trois marmitons ont accaparé la cuisine très tôt ce matin; ils débordent d'ardeur et d'idées ! Regardez ce qu'ils préparent, et choisissez, car vous n'êtes pas obligés d'offrir à vos amis un assortiment aussi varié.

Brioches farcies

par personne :

- **1 brioche**
- **1 cuillerée de confiture d'abricots**

- **une petite cuiller**
- **un couteau**

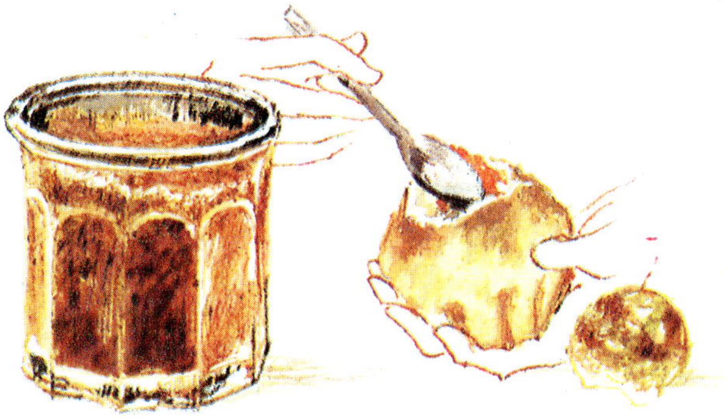

J'enlève le chapeau de la brioche. Je creuse l'intérieur à l'aide d'une petite cuiller de façon à enlever un peu de mie (je peux la grignoter au passage...) Je la remplace par une cuillerée de confiture d'abricots. Et je remets le chapeau. Mon tour est joué : il est délicieux !

Sandwichs au chocolat

par personne :

- **2 petits beurres**
- **10 g beurre**
- **1/2 cuiller à café de chocolat en poudre**

- **un bol**
- **une cuiller**
- **un couteau**

Je mets le beurre dans le bol, j'ajoute le chocolat et je travaille avec la cuiller pour bien mêler. Puis, à l'aide de mon couteau, j'étale cette préparation sur un premier petit beurre, que je recouvre d'un deuxième. Et voici mon sandwich au chocolat !

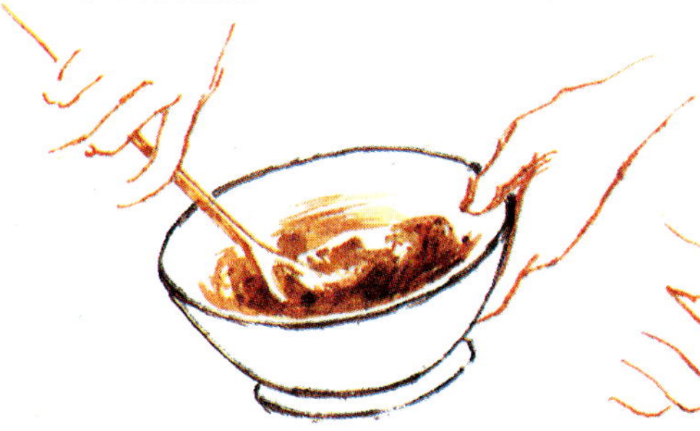

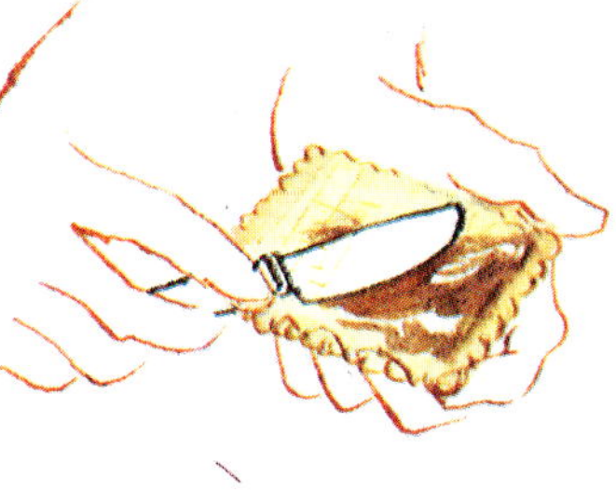

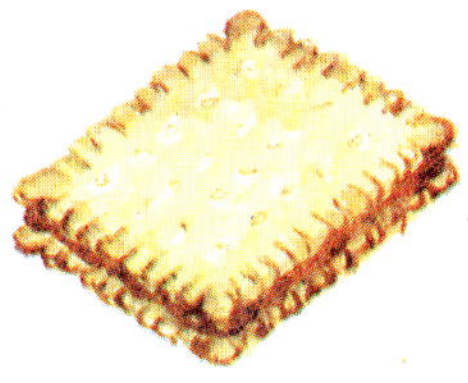

Canapés au gruyère

pour 12 canapés :

- **6 tranches de pain de mie de 10 cm de côté**
- **50 g gruyère rapé**
- **50 g beurre**

- **une planche à pâtisserie**
- **un bol**
- **une cuiller**
- **un couteau à bout rond**
- **un couteau qui coupe bien**

Je mets le beurre dans le bol. Je l'écrase avec ma cuiller. J'ajoute le gruyère rapé et je mélange soigneusement pour obtenir une pâte lisse et molle.

Avec le couteau qui coupe bien, j'enlève la croûte autour de chaque tranche de pain; j'ai donc une belle tranche blanche, que je pose sur la planche à pâtisserie; alors, en me servant du couteau à bout rond, je la tartine avec le mélange beurre-gruyère.

Je procède de la même façon pour chaque tranche de pain, puis je les coupe en deux : j'obtiens ainsi 12 rectangles bien appétissants !

(Si je désire des canapés plus petits, je coupe ces rectangles en deux, ce qui me donne 24 jolis carrés.)

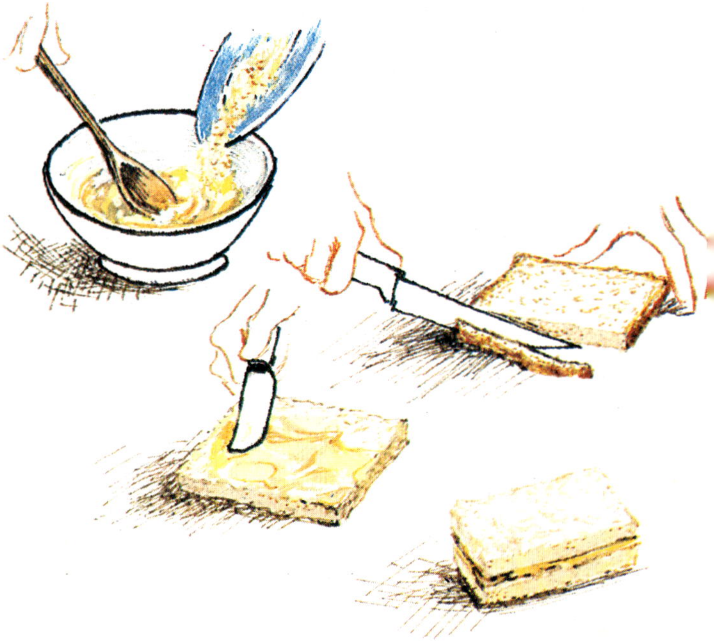

Canapés au jambon

pour 12 canapés :

- **6 tranches de pain de mie de 10 cm de côté**
- **80 g jambon blanc**
- **60 g beurre**

même matériel que pour les canapés au gruyère, plus une moulinette

J'enlève le gras du jambon puis je passe la viande rose à la moulinette.

Je mets le beurre dans le bol et je le travaille avec ma cuiller pour le ramollir. J'ajoute alors le jambon haché. Et je mêle.

Puis je tartine avec cette pâte chaque tranche de pain posée sur la planche à pâtisserie.

Cette fois-çi, je coupe mes tranches en biais pour avoir 12 canapés en triangle.

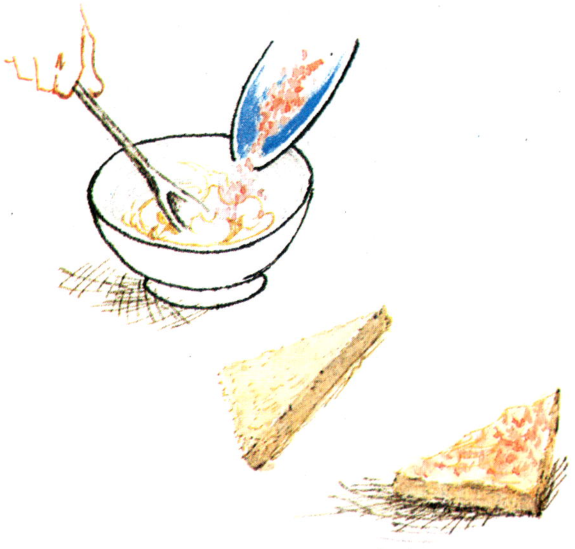

Canapés au saucisson

pour 12 canapés :

- **12 tranches de pain de mie rond**
- **50 g beurre**
- **12 tranches saucisson sec**
- **3 cornichons**

- **un couteau**
- **un couteau à bout rond**
- **une planche à pâtisserie**
- **deux assiettes**

Je prépare le saucisson en ôtant la peau, que je jette.

Sur une assiette, je coupe les cornichons en fines rondelles.

Je pose les tranches de pain sur la planche à pâtisserie et je les beurre; puis, sur chacune d'elles, je pose une tranche de saucisson et quelques rondelles de cornichon. Voici, prêts à être savourés, mes canapés ronds au saucisson !

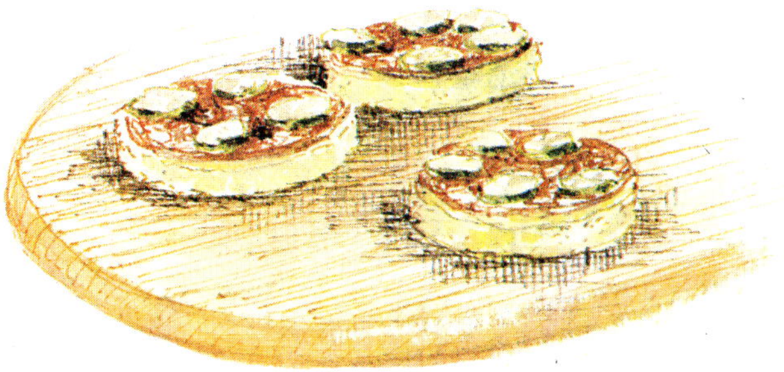

Oranges surprises

- **6 oranges**
- **1 banane**
- **1 pomme**
- **1 poire**
- **6 cerises confites**
- **50 g raisins de Smyrne**
- **60 g sucre en poudre**
  et, pour la décoration,
- **12 brindilles de sapin**

- **une terrine**
- **un couteau qui coupe bien**
- **un couteau économiseur**
- **trois assiettes**
- **deux petites cuillers**
- **une grande cuiller**
- **un plat**
- **une tasse**
- **une passoire**

Je lave les raisins de Smyrne à l'eau tiède; puis, pour les faire gonfler, je les laisse tremper dans une tasse contenant de l'eau chaude. Je ne les retirerai qu'au moment de les mélanger aux autres fruits.

Maintenant, je lave les oranges et, avec mon couteau qui coupe bien, je leur enlève un chapeau. Puis, à l'aide d'une petite cuiller, je creuse chacune d'elle afin d'en retirer la chair, que je mets, au fur et à mesure, dans la terrine. Je saupoudre avec la moitié du sucre.

Je me lave les mains et je prends le couteau économiseur pour éplucher la poire et la pomme. J'enlève la queue, le cœur; je coupe en quartiers, puis en petits morceaux, au-dessus d'une assiette. Et je

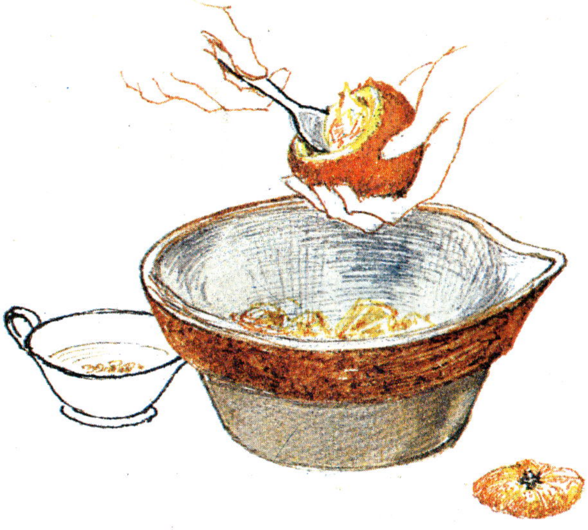

verse le tout dans la terrine. Je saupoudre avec le reste du sucre. Je mélange bien avec la cuiller, en ajoutant les cerises confites coupées en deux et les raisins égouttés. Quelle jolie macédoine !

Il ne me reste plus qu'à remplir les oranges. A l'aide d'une petite cuiller, je prends un peu de salade de fruits que je laisse tomber délicatement dans chacune des oranges; je recommence jusqu'à ce que la macédoine soit épuisée. Je replace alors le chapeau des oranges après les avoir garnis de brindilles de sapin piquées dans l'écorce.

Voyez comme elle est colorée et appétissante, la table du goûter : les oranges surprises ornent le centre; d'un côté, bien rangés sur un plateau, s'étendent les canapés salés; de l'autre, pour les amateurs de sucré, alternent brioches farcies et sandwichs au chocolat. Les cousins de Compiègne seront bien traités !

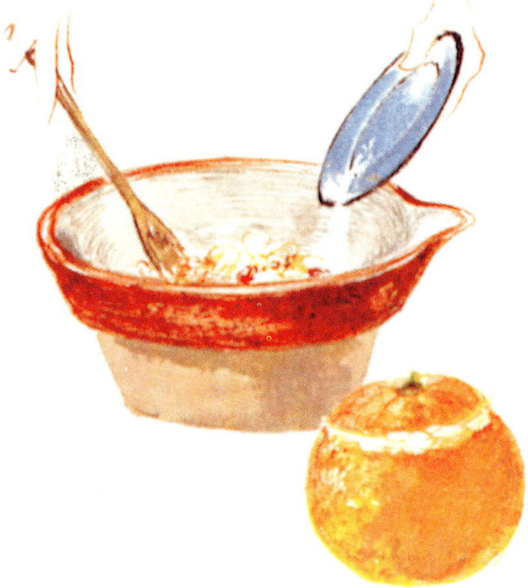

Note : Comme boissons, je peux servir des jus de fruits, ou du sirop avec de l'eau, ou du thé léger.

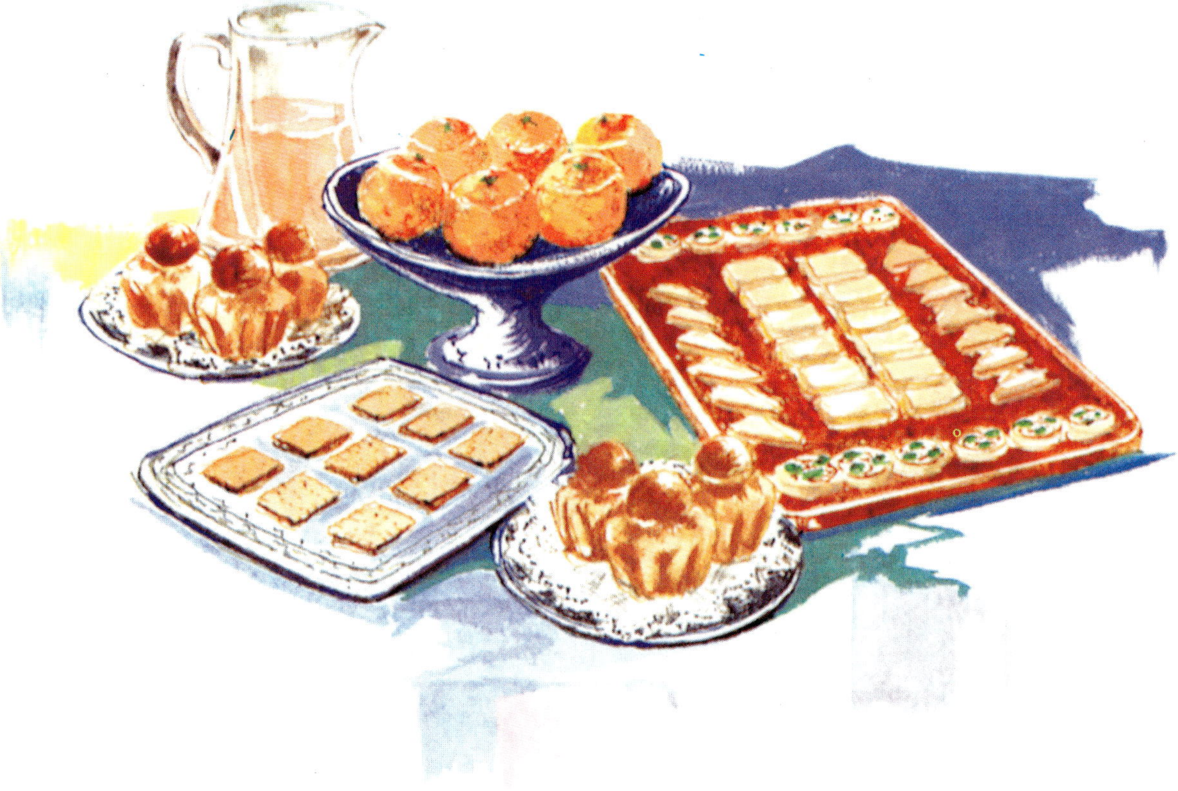

Les crêpes de la chandeleur

C'est Nicolas qui a préparé, ce matin, la pâte à crêpes. Pourquoi ? Parce que cela l'amusait, mais surtout parce qu'il voulait s'assurer ainsi la priorité absolue, devant sa sœur et sa cousine, pour faire sauter les crêpes à midi... Car, bien sûr, c'est la partie la plus amusante de l'histoire ! (A moins que, comme Marguerite, vous n'ayez une préférence secrète pour la dégustation ?)

Préparation de la pâte à crêpes

quantités pour 10 ou 20 crêpes suivant la taille de la poêle employée.

- **250 g farine tamisée**
- **3 œufs entiers**
- **1/2 l eau**
- **1 pincée de sel**
- **2 cuillerées à soupe d'huile**
- **1 cuillerée à soupe d'eau de fleur d'oranger ou**
- **1 cuillerée à café de vanille en poudre**
- **1 cuillerée à soupe de sucre en poudre**

- **une terrine**
- **un bol**
- **une spatule**

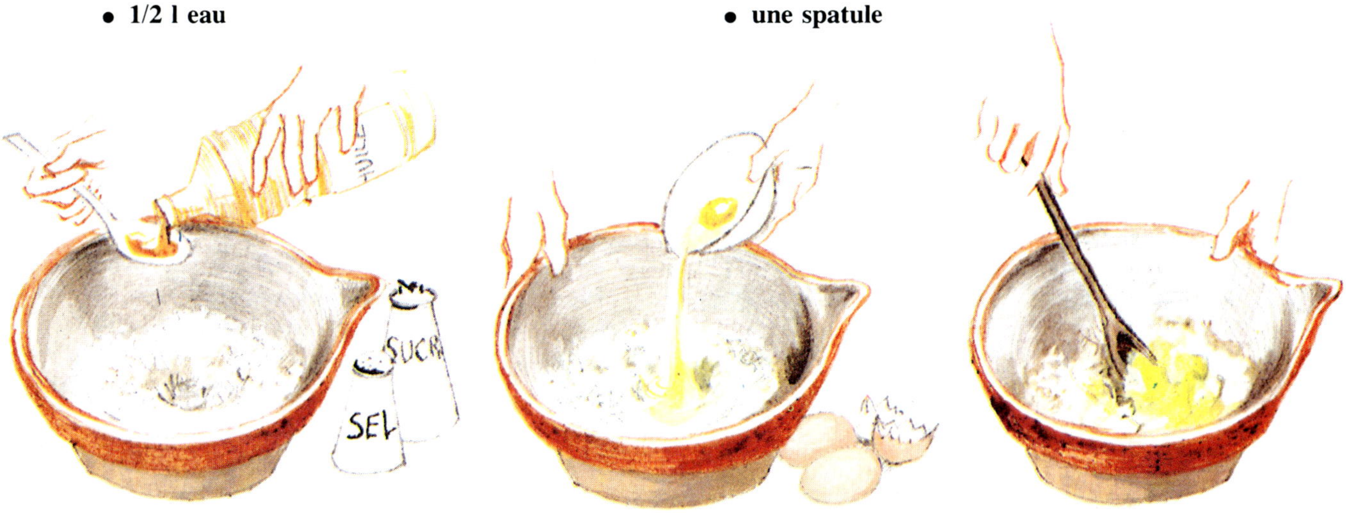

Je verse la farine tamisée dans ma terrine et j'y creuse un trou : cela s'appelle, nous l'avons vu, un « puits » ou encore une « fontaine ». Dans ce puits, je mets le sel, l'huile, le sucre. J'y ajoute un œuf, que j'ai cassé, au préalable, pour s'assurer de sa fraîcheur, dans un bol à part. J'ajoute, de la même manière, le deuxième œuf et puis le troisième...

Maintenant, il faut mélanger tous ces ingrédients avec beaucoup de soin pour qu'il ne se forme pas de grumeaux. Je plonge donc ma spatule dans le milieu du puits et je tourne doucement, agrandissant progressivement le mouvement, pour faire s'écrouler peu à peu les dunes de farine.

L'opération est de plus en plus difficile, car la pâte épaissit : il est temps d'ajouter l'eau, en la faisant couler par petites quantités. Je tourne avec ma spatule. La pâte devient liquide. Attention ! Il ne faut pas que je mélange trop fort, car elle risquerait de jaillir hors de ma terrine.

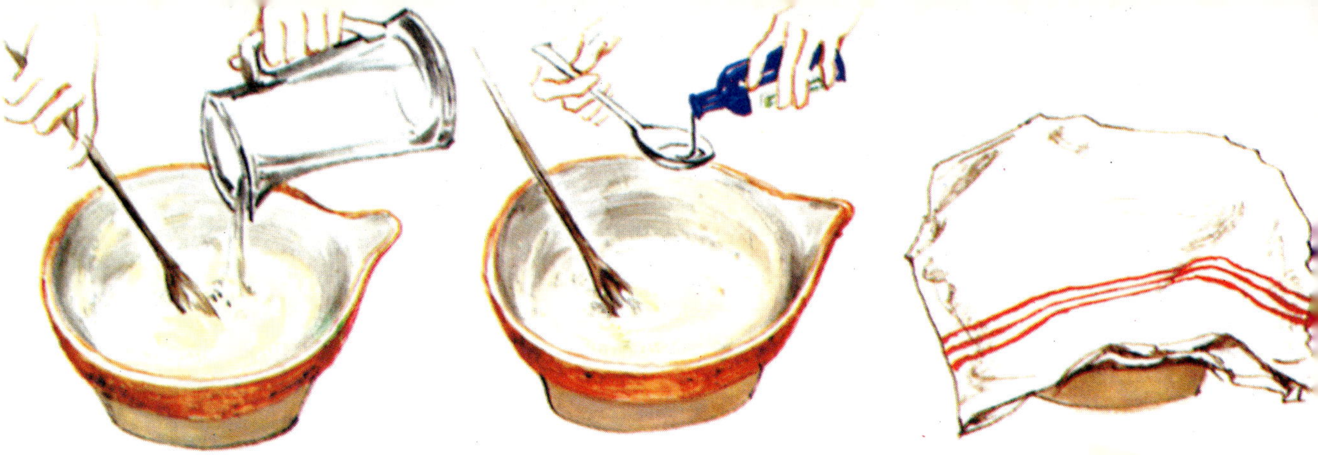

Voilà : j'ai utilisé toute l'eau. Il ne reste plus qu'à verser la cuillerée d'eau de fleur d'oranger (ou de vanille en poudre) et ma pâte est terminée. Je la goûte, par curiosité : quelle déception ! Elle n'est pas bonne du tout ! Elle a besoin d'être cuite. Mais, auparavant, elle doit reposer deux heures. Je regarde la pendule, puis je couvre la terrine avec un torchon bien propre.

Cuisson des crêpes

- **une poêle moyenne, dont le fond aura 15 à 16 cm de diamètre;**
- **une petite casserole, contenant une cuiller à soupe de beurre;**
- **un bâton autour duquel j'ai mis un morceau de chiffon propre, plié en quatre, attaché bien serré avec du fil ou de la ficelle très fine**
- **une petite louche, pour prendre la pâte dans la terrine**
- **un plat pour poser les crêpes**
- **une fourchette ou une spatule de bois**
- **la boîte de sucre en poudre**

Je tourne rapidement la pâte pour m'assurer qu'elle est bien mélangée. (Lorsque j'aurai cuit la première crêpe, je saurai si la pâte a bonne consistance, ou bien si elle est trop épaisse : dans ce cas, j'ajouterai un peu d'eau.)

Je place sur un feu doux la petite casserole qui contient le beurre, pour qu'il fonde. C'est fait. J'éteins le gaz.

Maintenant, je pose la poêle sur un feu moyen et je laisse chauffer 10 secondes. Puis je badigeonne le fond avec le bâtonnet, que j'ai trempé dans le beurre fondu. Je laisse encore chauffer 20 secondes.

C'est alors que le jeu commence : avec la louche, je prends un peu de pâte; d'une main, je tiens donc la louche, et de l'autre, la poêle; au moment où j'y verse la pâte, je la fais tourner prestement, en tous sens, de façon à ce que la pâte

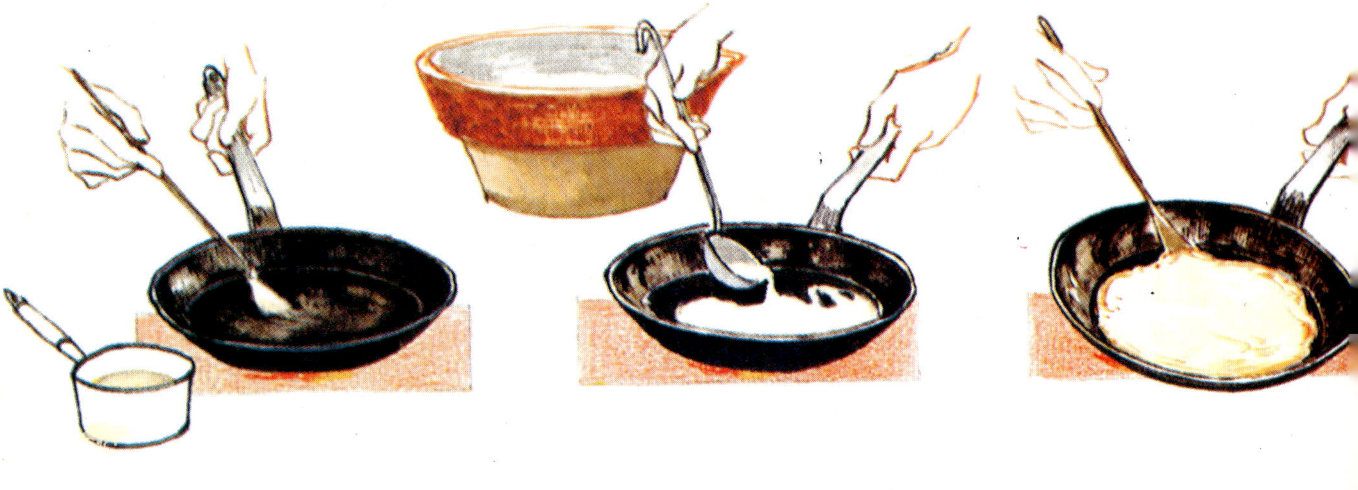

recouvre uniformément tout le fond.

Je repose la poêle sur le feu et je laisse cuire 30 secondes (je compte jusqu'à 30). La pâte gonfle. La crêpe prend forme et couleur. Je glisse une fourchette ou une spatule de bois pour la décoller et je la retourne, afin qu'elle cuise de l'autre côté. Je compte 15 à 20 secondes. Ma crêpe est cuite.

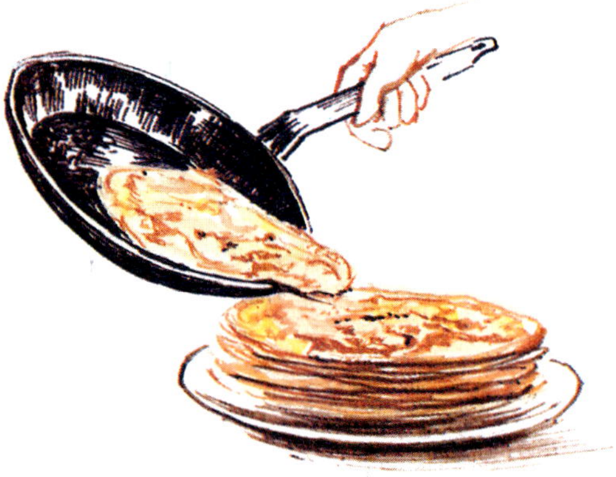

Je retire la poêle du feu, je l'incline, ma crêpe glisse facilement sur le plat. Je la saupoudre d'une cuiller de sucre en poudre.

Pour la deuxième crêpe, je recommence exactement les mêmes manœuvres. Au fur et à mesure que mes crêpes sont cuites, je les empile les unes sur les autres.

Quand je me sens familiarisée avec cette méthode, je peux essayer de faire sauter la crêpe. Après la première cuisson de 30 secondes, j'empoigne la queue de la poêle, je donne un coup sec, la crêpe se décolle, saute en l'air, je suis son vol plané, je la recueille... de justesse... dans la poêle, et je continue la cuisson.

C'est un exercice hasardeux, palpitant et très gai... Caroline et Nicolas s'y adonnent à cœur joie. Marguerite les arbitre.

Et écoutez ce que raconte ce farceur de Nicolas : « Si l'on fait sauter une crêpe, avec une pièce d'argent dans la main qui tient la queue de la poêle, on est riche toute l'année ! » Pourquoi ne pas essayer ?

Après s'être bien amusés, les trois cousins invitent leurs mamans à partager avec eux ces succulentes crêpes de la chandeleur.

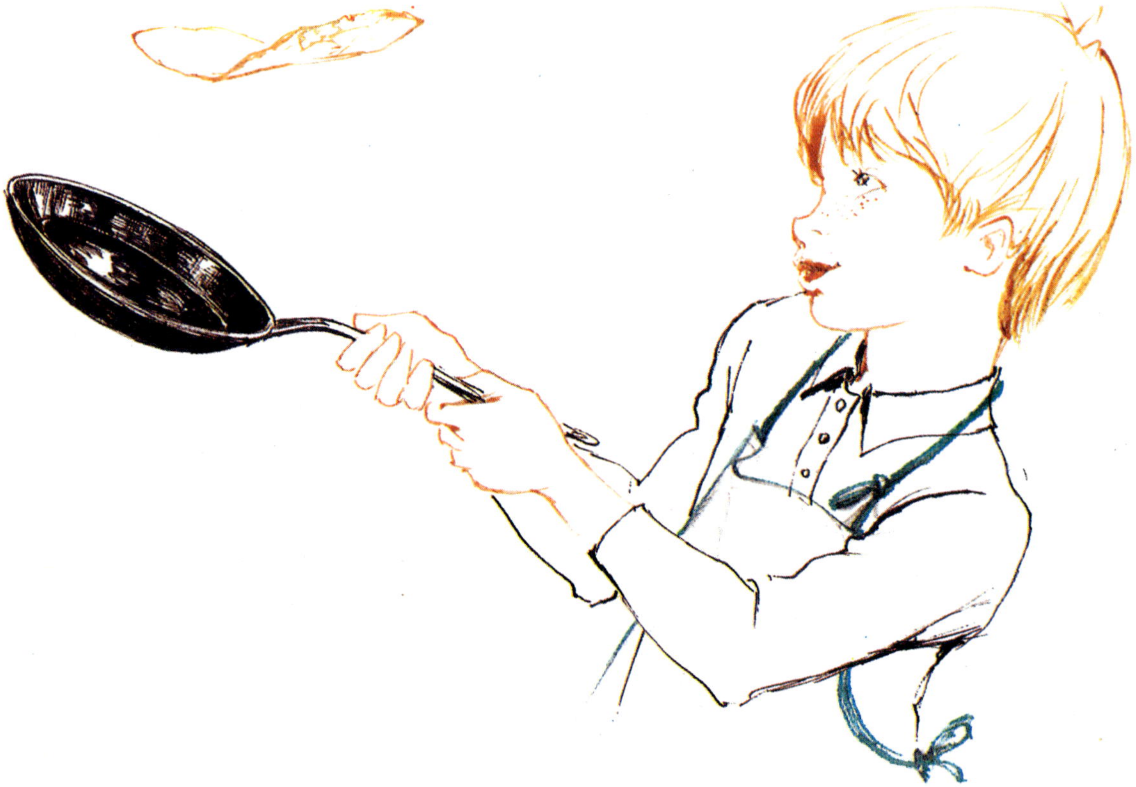

Le chef-d'œuvre de Nicolas : les « hamburgers »

— Aujourd'hui, j'ai envie de préparer un plat de viande ! déclare Nicolas.

Sa sœur Marguerite fait la moue :

— Moi, je préfère le dessert !

— Taratata ! rétorque Nicolas, plein de superbe. Quand tu auras goûté mon chef-d'œuvre, tu changeras d'avis.

— Et qu'allez-vous nous accommoder de bon, Monsieur le Cuisinier, demande Marguerite, mi-moqueuse, mi-curieuse.

— Des « hamburgers » répond majestueusement Nicolas. C'est une recette américaine, ajoute-t-il, l'air savant.

pour 6 personnes :

- **600 g bœuf haché**
- **1 échalote hachée**
- **sel, poivre**
- **6 petits pains ronds**
- **60 g beurre**
- **1 cuiller à soupe de thym, romarin en poudre**
- **1 cuiller à soupe de moutarde**
- **3 cuillers à soupe d'huile**

- **une terrine**
- **un couteau qui coupe bien**
- **deux cuillers à soupe**
- **une moulinette**
- **une feuille de papier d'aluminium**
- **une écumoire**
- **une poêle de 26 cm de diamètre**
- **un plat rond**

Je place la viande hachée dans la terrine. Je creuse un petit trou, et j'y mets 6 pincées de sel et un peu de moutarde.

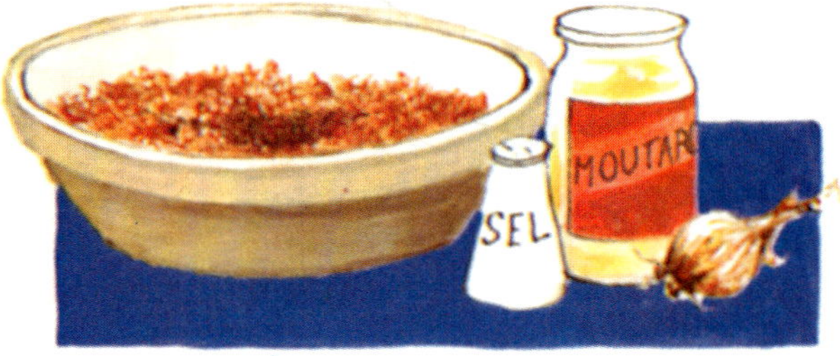

Je prépare l'échalote : je lui enlève ses peaux jaunes, et je la coupe en morceaux que j'introduis dans la moulinette. Je tourne quelques instants, voilà mon échalote hachée qui tombe dans le trou ménagé au milieu de la viande.

Je me lave les mains, je les rince généreusement, et je pétris, pour bien les mêler, la viande et ces ingrédients. Puis je partage ce mélange en 6 parts égales et je façonne (toujours avec les mains) des boules un peu aplaties, que je dépose sur la feuille de papier d'aluminium.

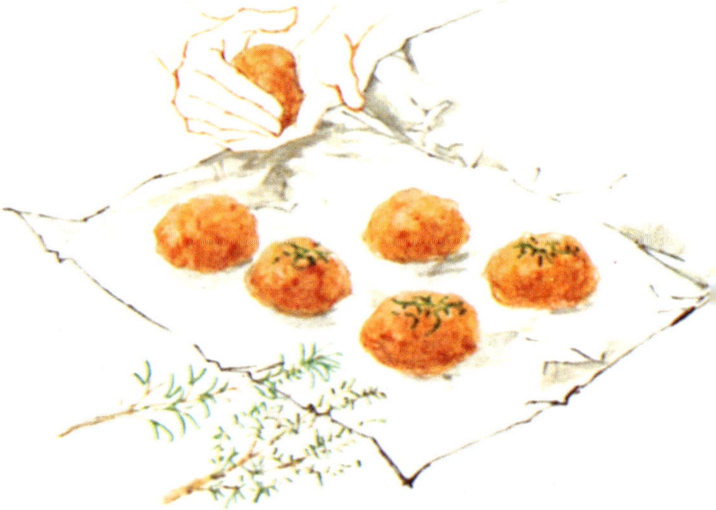

Je me relave les mains, poissées par ces manipulations.

J'arrose mes boules de viande avec une cuillerée d'huile, et je les saupoudre de thym et de romarin. Je referme la feuille de papier et laisse attendre une demi-heure.

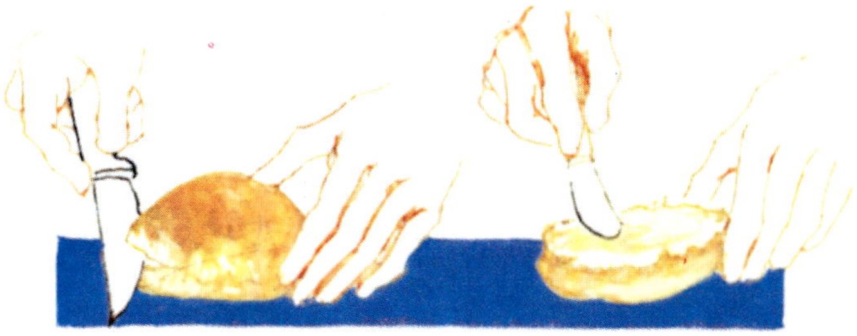

Pendant ce temps, je m'occupe des petits pains. Avec mon couteau qui coupe bien, je les fends en deux par le milieu; je tartine le « côté mie » avec un peu de beurre.

Maintenant, le four : je retire la tôle avant d'allumer, thermostat 5. (Il chauffera 10 minutes.)

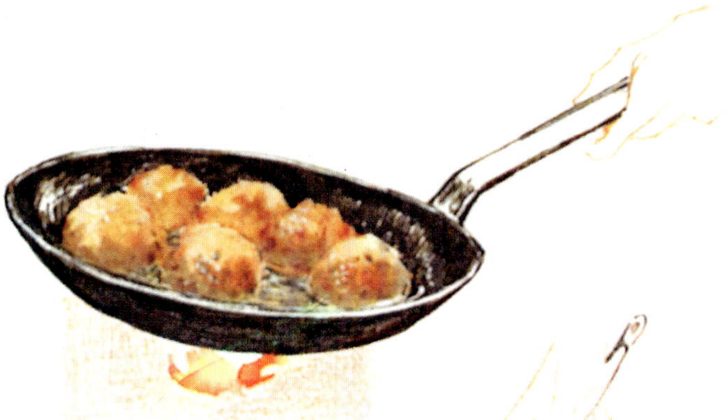

Voici le moment de cuire la viande. Je prends ma poêle. Je la pose sur un feu moyen. J'y verse deux cuillerées d'huile. Quand elle commence à fumer, j'y pose délicatement les boules de viande, que je fais dorer deux minutes d'un côté, et deux minutes de l'autre. J'éteins le gaz.

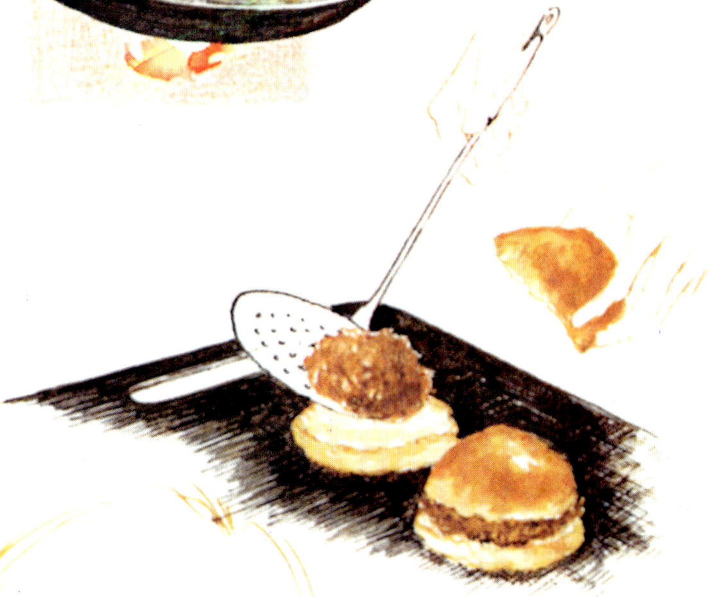

Désormais, je range sur la tôle six moitiés de petits pains. Sur chacune de ces moitiés, je place une boule de viande, que j'ai prise avec l'écumoire, et que je recouvre ensuite avec l'autre moitié du petit pain. Je tourne le thermostat à 6. Et je glisse la tôle dans le four.

Je compte 10 minutes.

Voici le moment de servir. Je dispose sur un plat six feuilles de laitue lavées, puis essuyées, et je place un « hamburger » sur chaque feuille de salade.

C'est très chaud. C'est exquis, à la fois moelleux et parfumé. Marguerite ne fait plus la moue, je vous le certifie !

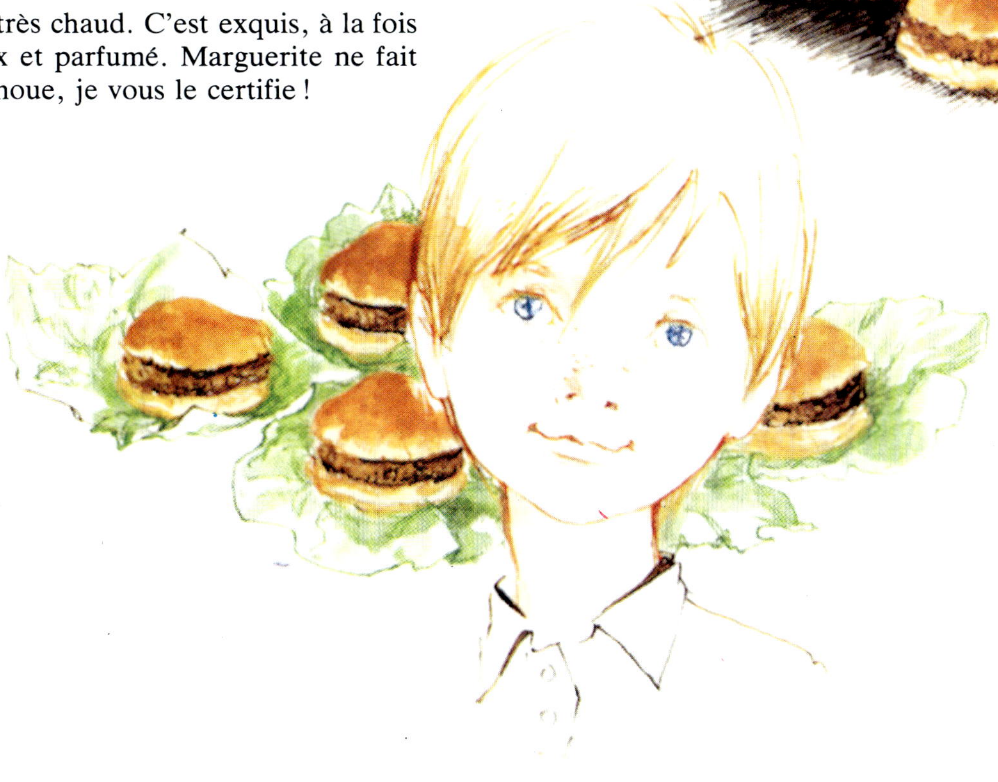

Vivent les pommes de terre farcies !

C'est toujours notre brave Nicolas qui s'active devant les fourneaux. Il traverse une période « gastronomique ». Sa cousine Caroline l'assiste... surtout de ses bavardages ; Marguerite révise une composition de géographie. Par la fenêtre de la cuisine, on aperçoit le jardin recouvert d'une fine couche de neige, où les pattes du chat Moustique ont dessiné des empreintes étoilées.

« Vivent les pommes de terre ! » s'époumonne le jeune marmiton en réunissant ses ustensiles. Et, à l'intention de sa cousine, il ajoute : « Nous allons expérimenter une recette de pommes de terre farcies ! Hardi les amis ! »

- **6 belles pommes de terre allongées**
- **250 g chair à saucisse**
- **1 oignon**
- **1 gousse d'ail**
- **1 cuillerée à soupe de persil haché**
- **1 verre 1/2 d'eau**
- **2 poignées de mie de pain**
- **1/2 verre de lait**
- **50 g beurre**
- **1 cuillerée à soupe de gros sel**

- **une grande casserole, 24 cm de diamètre**
- **une passoire**
- **un couteau économiseur**
- **un plat à gratin de 26 cm de long**
- **une terrine**
- **un bol**
- **une moulinette**
- **deux ou trois petites cuillers**
- **une cuiller à soupe**

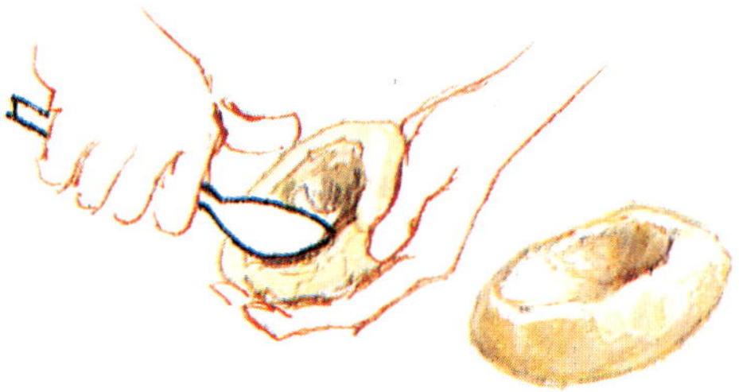

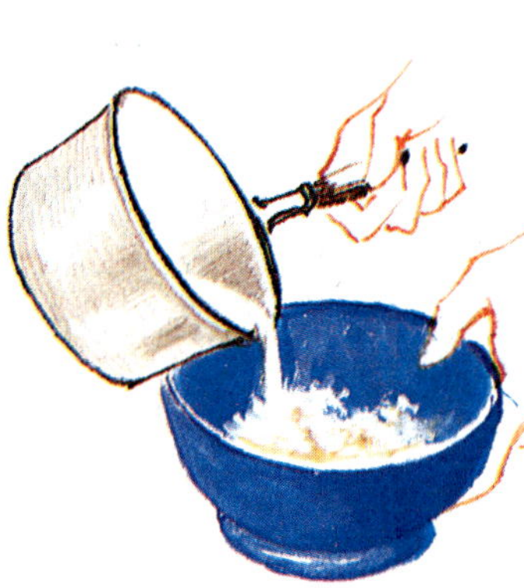

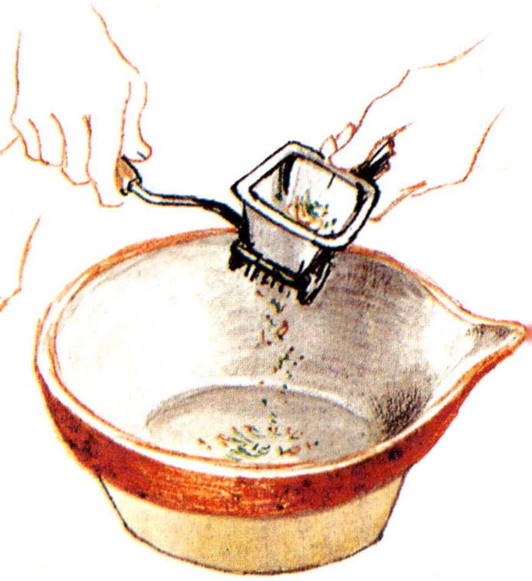

Avec le couteau économiseur, j'épluche les pommes de terre. Je les lave bien.

Je mets de l'eau à chauffer dans la grande casserole, au moins 3 litres, et j'y jette le gros sel.

En attendant qu'elle bouille, je creuse chaque pomme de terre, en forme de barquette, à l'aide d'une petite cuiller. Hum ! Ce n'est pas très facile et l'on n'avance pas vite... Il vaut mieux travailler à deux, comme Nicolas et Marguerite...

Quand j'ai fini, je lave mes pommes de terre une deuxième fois, je les plonge dans la casserole et je compte 12 minutes de cuisson.

Pendant que les pommes de terre cuisent, je prépare la farce. D'abord, je fais chauffer le lait. Puis je mets la mie de pain dans un bol et je l'arrose avec ce lait chaud.

J'épluche l'oignon et la gousse d'ail, je les coupe en morceaux que j'installe dans la moulinette, j'y ajoute le persil lavé. Et je tourne au-dessus de la terrine, jusqu'à

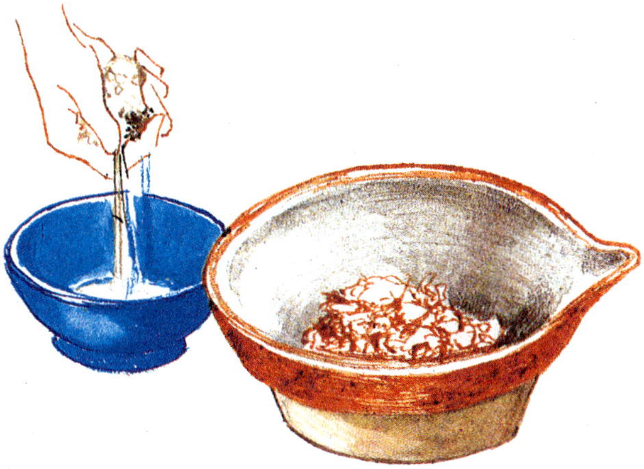

ce que tous ces ingrédients y soient tombés, hachés menu.

Durant ce temps, mon pain s'est ramolli. Avec des mains bien propres, je le prends et le serre, comme une éponge, pour en faire sortir tout le lait. Je pose la mie dans la terrine, ainsi que la chair à saucisse. Et je mélange avec une cuiller. Ou avec mes mains.

Dring ! Mon compte-minutes sonne : mes pommes de terre sont prêtes; je vais les égoutter avec précaution, car il ne faut pas les briser. (Elles ne sont pas tout à fait cuites, c'est exprès, car elles finiront de cuire dans le four.) Je pose la passoire sur l'évier, et j'y verse doucement le contenu de la casserole.

J'attends que mes pommes de terre refroidissent un peu. (Je peux profiter de cet entracte pour mettre de l'ordre dans la cuisine.) Puis je beurre le plat à gratin.

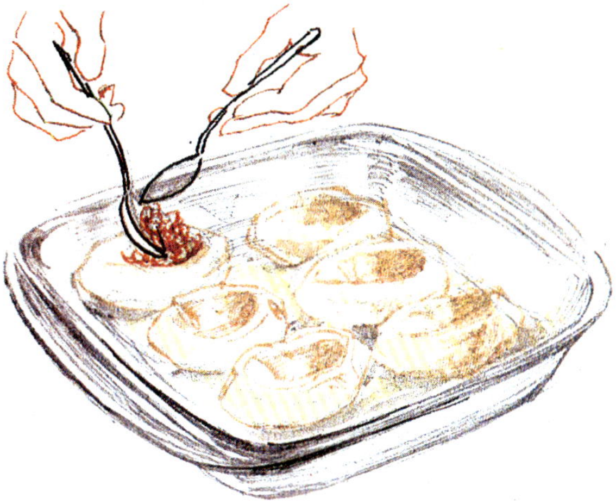

Voilà. Les pommes de terre sont tièdes. Je les range bien régulièrement dans le plat. Puis j'allume le four, thermostat 6, qui doit chauffer 10 minutes.

J'utilise ce temps pour remplir chaque pomme de terre avec la farce qui se trouve dans la terrine. (Je me sers d'une petite cuiller.) Sur chaque pomme de terre farcie, je pose un peu de beurre. J'arrose avec un verre et demi d'eau et j'enfourne pour 30 minutes. (Durant la cuisson, j'arrose deux ou trois fois mes pommes de terre : elles seront encore meilleures.)

Quel régal, surtout par une froide journée d'hiver ! Vivent les pommes de terre farcies !

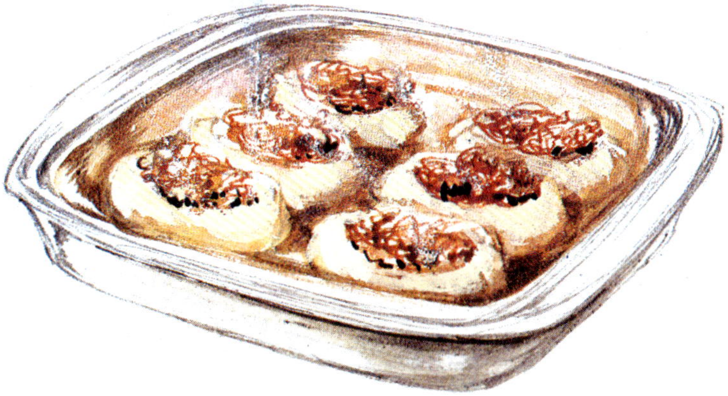

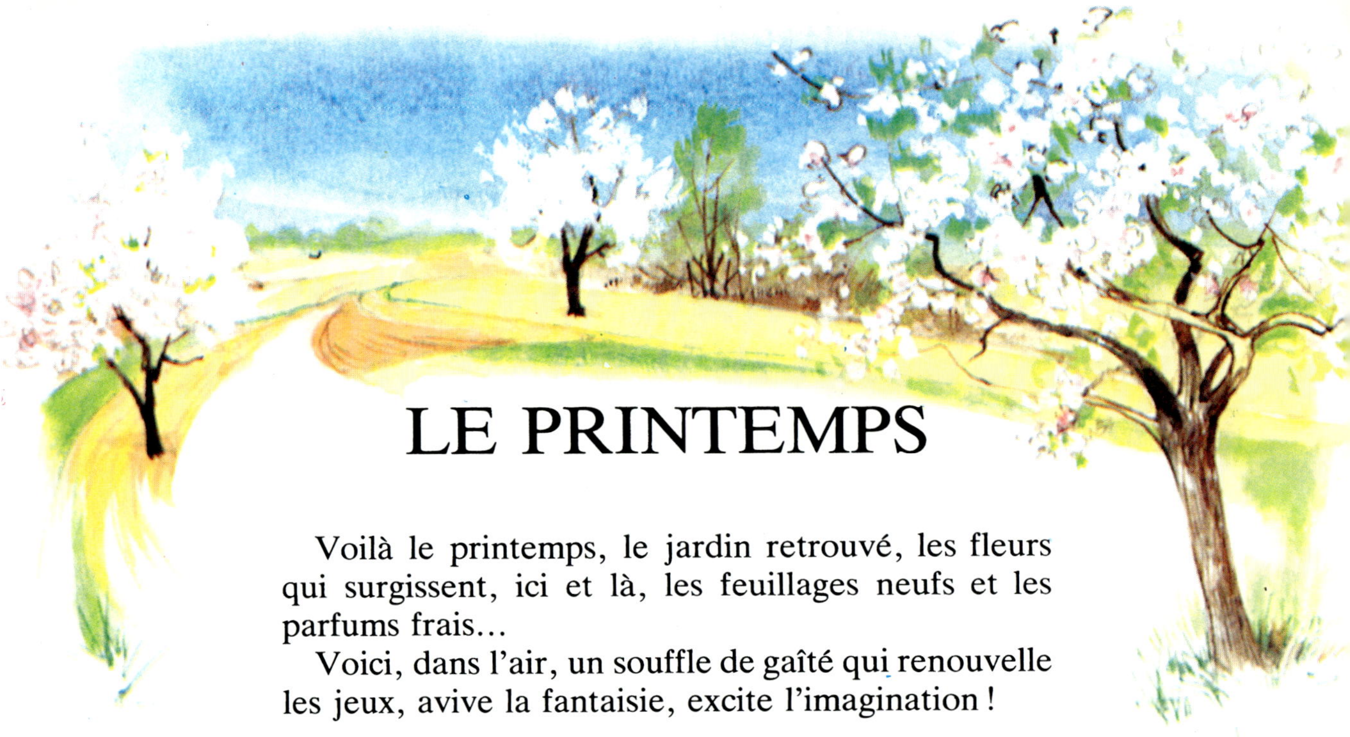

LE PRINTEMPS

Voilà le printemps, le jardin retrouvé, les fleurs qui surgissent, ici et là, les feuillages neufs et les parfums frais...

Voici, dans l'air, un souffle de gaîté qui renouvelle les jeux, avive la fantaisie, excite l'imagination !

Un ! Deux ! Trois ! Tournons la mayonnaise !

Il ne faut surtout pas déranger Marguerite et Caroline ! Pourquoi ? Parce qu'avec le plus grand sérieux, la plus parfaite application, elles confectionnent, aujourd'hui, la première mayonnaise de leur vie...

Quelle histoire ! Quelle émotion !

Et pourtant, ce n'est pas difficile. Essayez : vous le constaterez vous-mêmes.

Toutefois, il y a un secret pour réussir la mayonnaise (ce n'est pas vraiment un secret, puisque tous ceux qui aiment faire la cuisine le connaissent...) : il faut que l'œuf et l'huile soient à la même température. Il suffit donc, la veille du jour où vous préparez votre sauce, de sortir l'œuf du réfrigérateur et de le ranger à côté de la bouteille d'huile, dans l'armoire à provisions. C'est très important. Sinon, en utilisant un œuf froid, vous risquez de rater votre mayonnaise, même si vous la tournez avec la meilleure volonté du monde...

- **1 œuf**
- **¼ l huile d'arachide**
- **moutarde, sel, vinaigre**

- **deux grands bols**
- **une cuiller en bois**
- **une cuiller en métal**

Pour faire cette sauce, il me faut un jaune d'œuf. Je commence donc par séparer le blanc du jaune, comme je sais déjà le faire (cf. recette de la mousse au chocolat, P. 12)

Je recueille mon jaune dans l'un des bols. J'y ajoute la moitié d'une cuillerée à café de moutarde et une pincée de sel. Avec ma cuiller en bois, je tourne pour bien mélanger.

Dans l'autre bol, je verse ¼ de litre d'huile. Puis, avec une cuiller en métal, que je tiens de la main gauche, je prends un peu d'huile et je la laisse tomber goutte à goutte sur le jaune d'œuf, sans cesser de tourner avec la cuiller en bois, que je tiens toujours de la main droite.

(Si j'ai un assistant, c'est encore plus facile : je tourne pendant que mon marmiton verse l'huile peu à peu...)

Je tourne et je tourne, pour que l'huile se mélange bien avec l'œuf. Quand je ne vois plus trace d'huile, j'en remets doucement une petite cuiller. Et je tourne à nouveau !

Surprise ! Le mélange, dans mon bol, commence à épaissir. C'est bon signe !

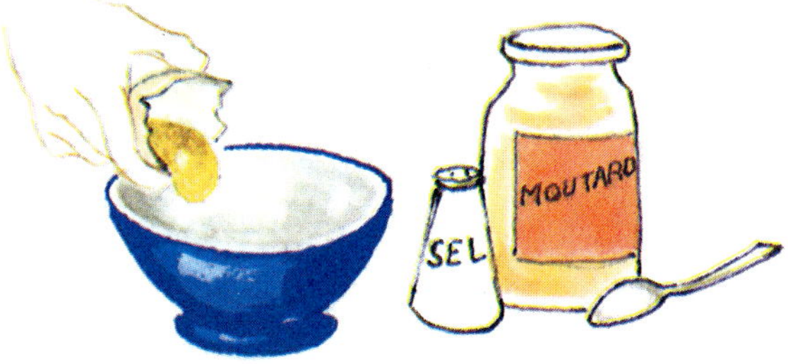

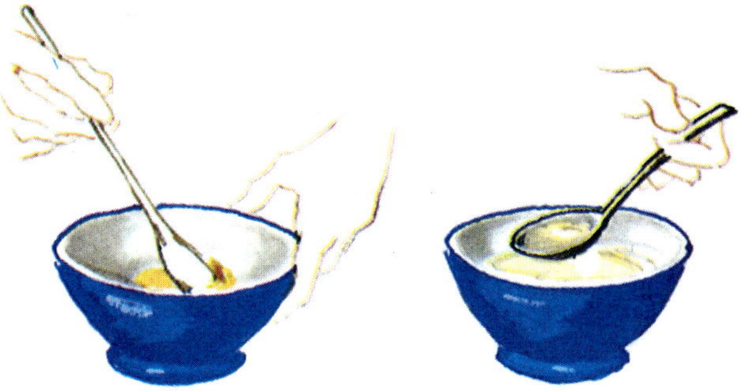

Je continue. D'une main, j'ajoute constamment l'huile. De l'autre, je tourne avec persévérance.

Ce manège ne se termine que lorsqu'il n'y a plus d'huile dans le bol.

Voilà ! Ma sauce est épaisse, lisse, brillante, magnifique ! Je l'assaisonne avec une petite cuillerée de vinaigre. Je mélange et je goûte : quelle merveille... Pourtant, un petit peu de sel aviverait la saveur : j'en mets une pincée. Je mélange encore. Ma sauce est maintenant parfaite. Victoire !

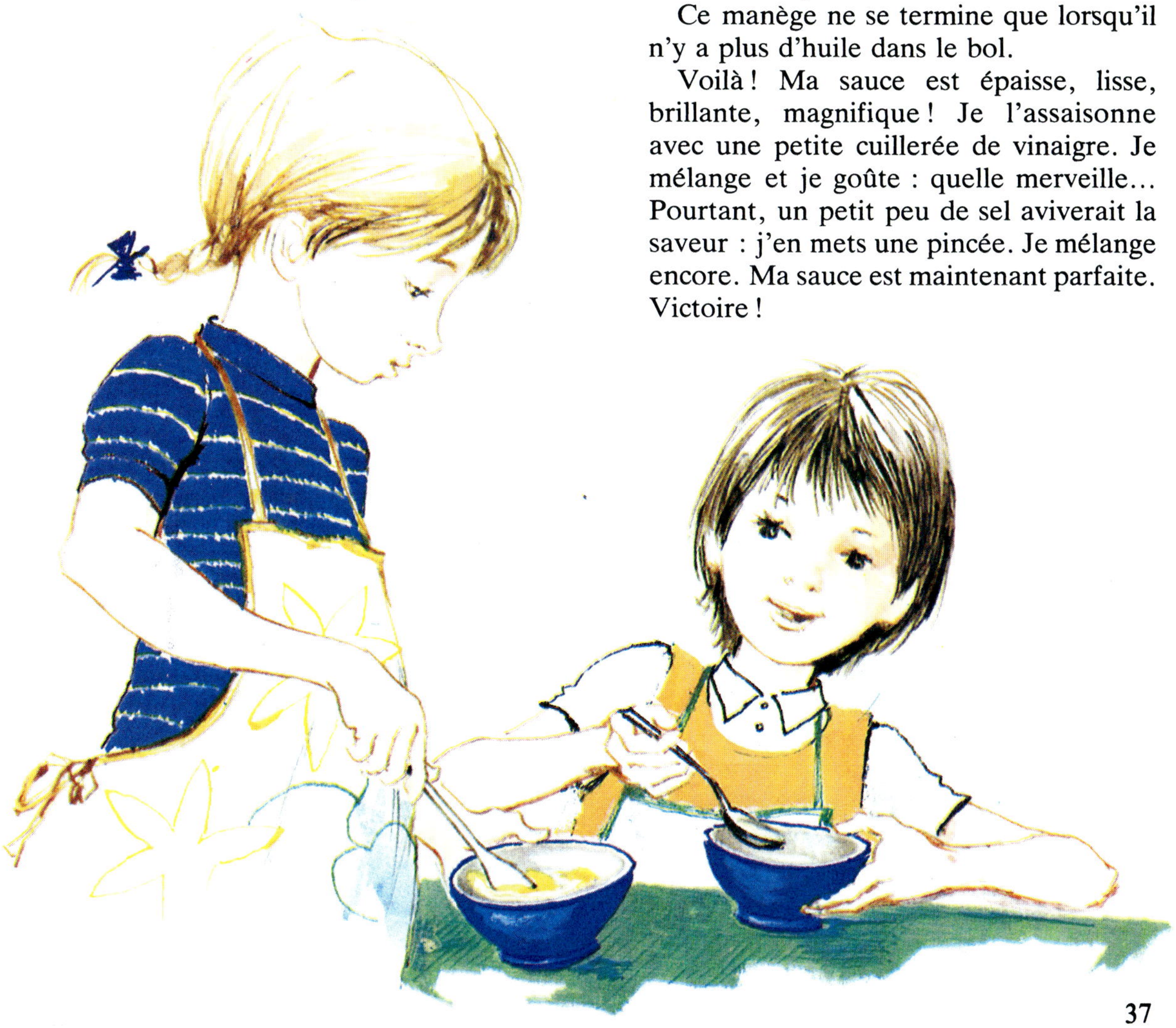

Des œufs de Pâques... aux crevettes !

Cette année, ils ne seront ni en sucre, ni au chocolat, les œufs de Pâques : ils seront aux crevettes ! Mais oui ! Pourquoi pas ?

Caroline et Marguerite se sont tellement amusées en confectionnant leur mayonnaise qu'elles veulent recommencer. Alors, elles ont choisi une recette qui demandait cette sauce exquise. Il s'agit des œufs durs aux crevettes. C'est un hors d'œuvre simple, amusant à préparer, et très joli à regarder. Nos deux « cordon-bleu » le serviront pour le déjeuner de Pâques.

- **6 œufs**
- **100 g crevettes épluchées**
- **sel**
- **3 branches de persil**

- **une terrine**
- **deux assiettes**
- **un couteau**
- **une fourchette**
- **deux ou trois petites cuillers**
- **une cuiller à soupe**
- **un plat long**
- **une casserole**

pour la mayonnaise :
- **1 œuf**
- **huile d'arachide**
- **sel, vinaigre, moutarde**
- **deux grands bols**
- **une cuiller en bois**
- **une cuiller en métal**

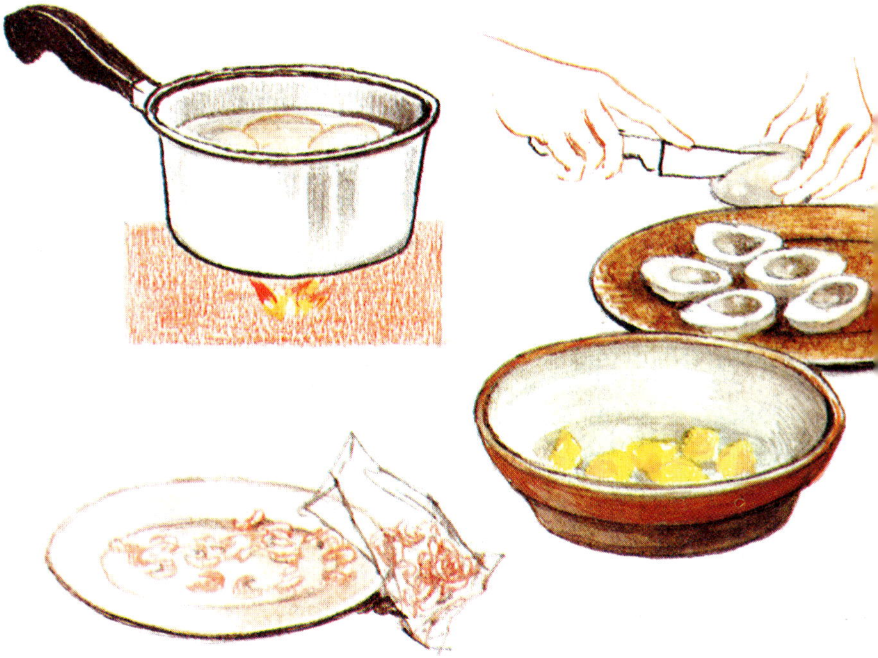

D'abord, je fais durcir les œufs. Je les mets dans la casserole, je recouvre d'eau froide et je fais chauffer. Au moment où l'eau bout, je règle le compte-minutes pour dix minutes. Dès qu'il sonne, j'arrête le gaz, je vide l'eau bouillante dans l'évier et je fais couler de l'eau froide sur mes œufs : ainsi, ils s'éplucheront facilement.

Pendant que les œufs cuisaient, je me suis occupée des crevettes, c'est-à-dire que j'ai placé à part, sur une assiette, une vingtaine d'entre elles, qui me serviront, tout à l'heure, à décorer les œufs.

Maintenant, avec calme et assurance, je confectionne ma sauce mayonnaise. (cf. recette p. 36)

Ensuite, j'écale (j'épluche) les œufs, que je pose, au fur et à mesure, sur une assiette. Puis, avec mon couteau, je les partage en deux dans le sens de la longueur. Je range, sur l'assiette les moitiés de blanc et je recueille, dans la terrine, les moitiés de jaune. (Cette séparation s'effectue très facilement.)

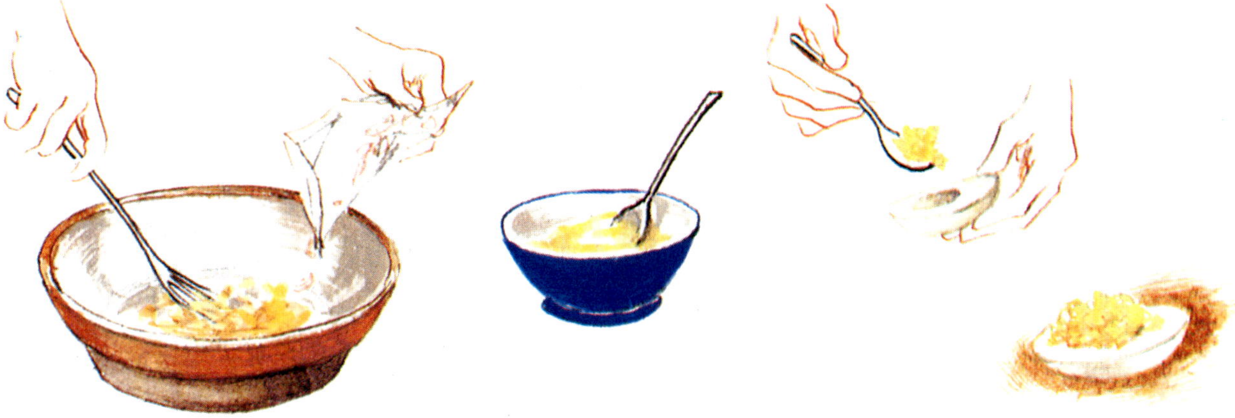

J'écrase soigneusement ces jaunes avec une fourchette, et j'obtiens une pâte assez lisse. J'y ajoute le reste des crevettes et deux ou trois cuillerées de mayonnaise. Je mélange bien et je goûte : c'est exquis (Si d'aventure le mélange ne me paraît pas assez relevé, j'ajoute, suivant mon goût, du sel, ou du vinaigre...)

Je peux donc farcir les œufs.

Avec une petite cuiller, je prends un peu de cette farce, je l'introduis délicatement dans une moitié de blanc et je la façonne comme un petit dôme.

Puis je pose mes œufs ainsi fourrés sur le plat long. Avec une autre cuiller, je prends maintenant un peu de mayonnaise et je l'étale sur chaque monticule de jaune, autour duquel je pique ensuite trois crevettes. Comme c'est joli, le rose frais des crevettes, contre le jaune lisse et brillant de la mayonnaise ! Il ne me reste qu'à donner à mon plat un petit air de fête, en glissant çà et là, entre les œufs, quelques brins de persil.

Marguerite et Caroline ont préparé leurs œufs de bonne heure, ce matin, puis elles ont rangé le plat dans le réfrigérateur et sont parties jouer. A midi, il leur suffira de sortir un peu à l'avance leur jolie suprise de Pâques.

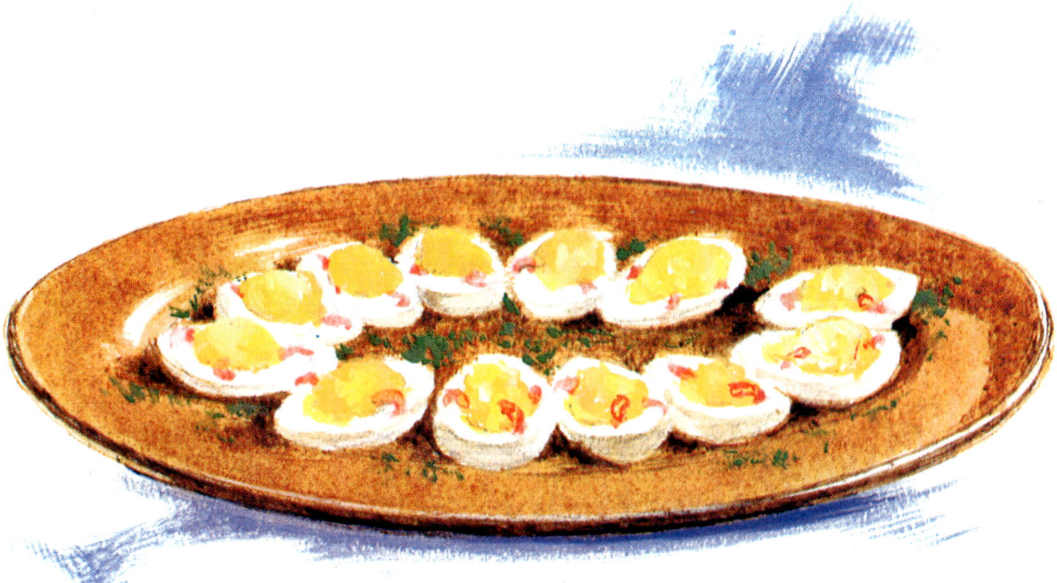

L'aventure des tomates farcies

Décidément, préparer de la mayonnaise est devenue, pour nos trois marmitons, une idée fixe. Une délicieuse idée fixe... Aujourd'hui, dans la grande cuisine aux fenêtres largement ouvertes sur le jardin reverdi, c'est Nicolas qui veut confectionner cette sauce magique. Sa sœur et sa cousine se chargeront du reste de la recette. Au programme : tomates farcies à la macédoine. Ce sera très gai de mener à trois cette aventure facile et amusante. Au travail, les artistes !

- **6 tomates moyennes**
- **6 feuilles de laitue**
- **¼ l huile d'arachide**
- **½ boîte de macédoine**
- **1 œuf**
- **sel, moutarde, vinaigre**

- **une planche à hacher**
- **un couteau qui coupe bien**
- **une passoire**
- **deux grands bols**
- **une terrine**
- **une cuiller à soupe**
- **trois petites cuillers**
- **une tasse**
- **un plat rond**
- **une assiette**

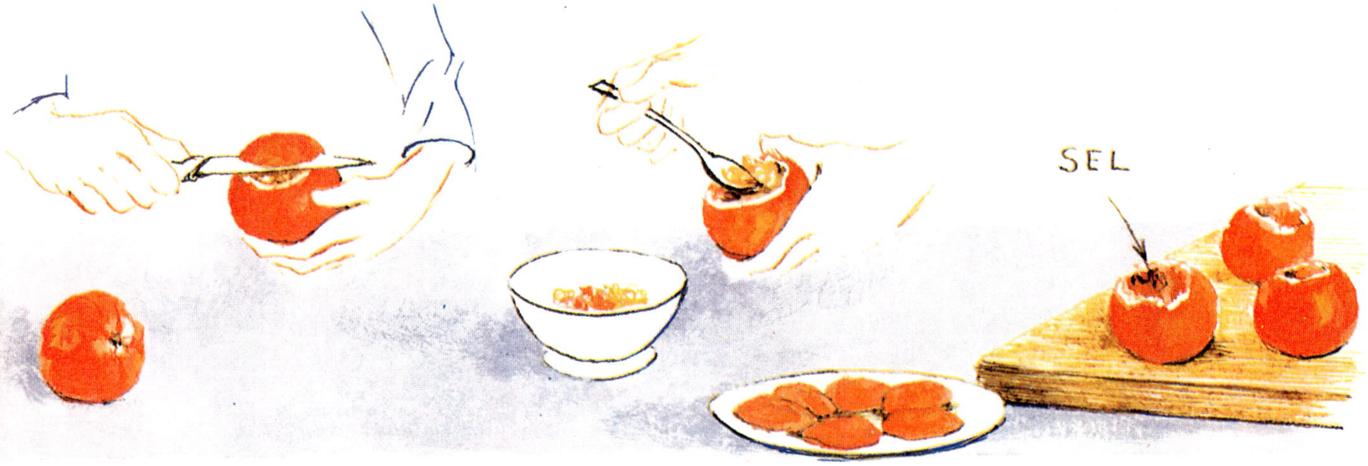

Je commence par préparer les tomates. Je les lave soigneusement, puis, à l'aide du couteau qui coupe bien, j'enlève à chacune d'elles une sorte de « chapeau », du côté opposé à la tige. Je garde ces « chapeaux » sur une assiette. Ensuite, avec une petite cuiller, je creuse mes tomates pour les vider de leur chair rose, que je récolte, au fur et à mesure, dans un bol. C'est un travail minutieux. Je ne dois pas m'impatienter, ni vouloir aller trop vite... Je remarque que les tomates contiennent beaucoup d'eau. Pour m'en débarrasser, je saupoudre un peu de sel à l'intérieur de chaque tomate, que je range sur la planche à hacher, comme des petites casseroles. Et je ne m'en occupe plus pour l'instant.

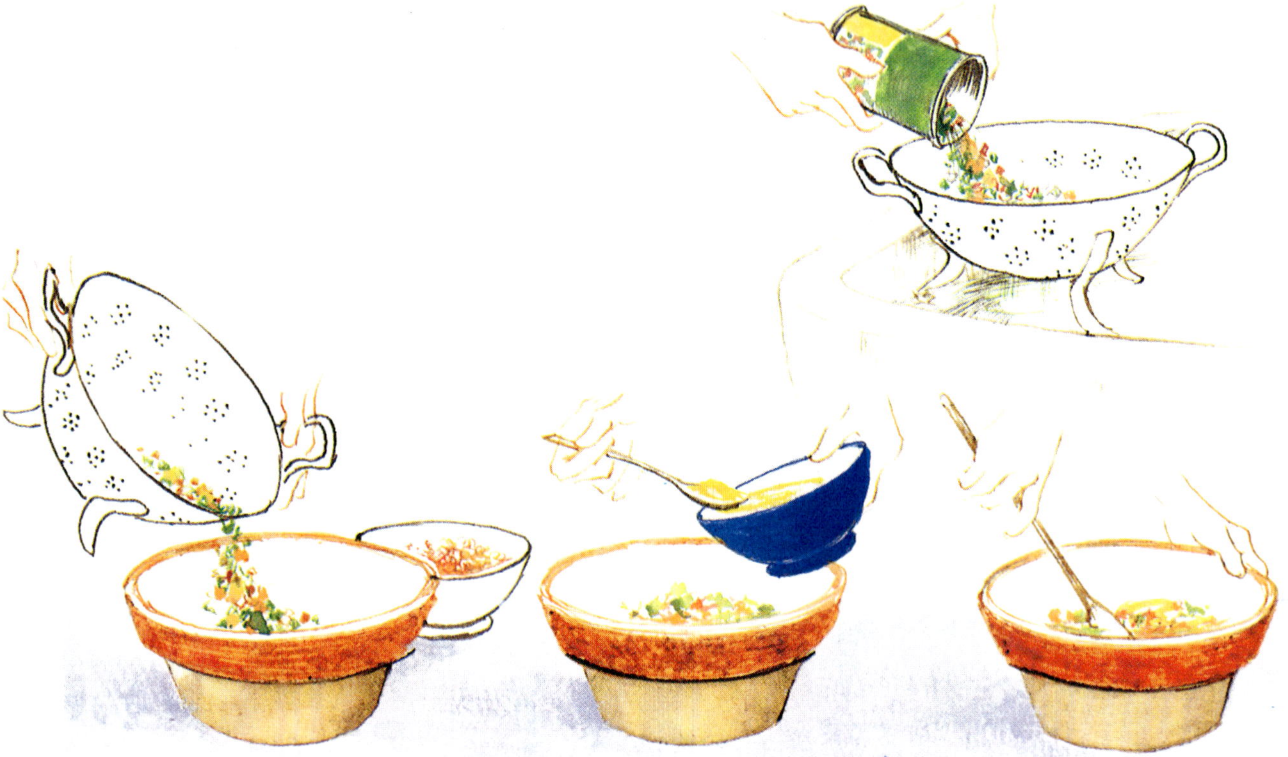

Quant à la pulpe, recueillie dans le bol, je l'égoutte dans la passoire, puis je la coupe en petits morceaux, que j'ajouterai, tout à l'heure, à la macédoine.

Pendant que les tomates attendent, je prépare la sauce mayonnaise. (cf. recette P. 36). Ou bien je demande à l'un de mes aides, amis, frère, sœur, cousin, cousine, de la préparer…

Maintenant, je m'occupe de la macédoine. J'ouvre la boîte. (Je demande de l'aide si l'opération s'avère trop difficile…) Je la vide dans une passoire posée sur l'évier, afin d'égoutter les légumes, puis je les rince avec un peu d'eau chaude et je laisse égoutter à nouveau.

Je verse ensuite ces légumes, ainsi que les morceaux de tomate, dans la terrine. J'ajoute une cuillerée de sauce mayonnaise, puis une autre. Je mélange. Je goûte : c'est très bon. Mais je crois que ce serait encore meilleur avec un peu plus de mayonnaise. J'ai raison : une demi-cuiller supplémentaire, et ma macédoine devient exquise !

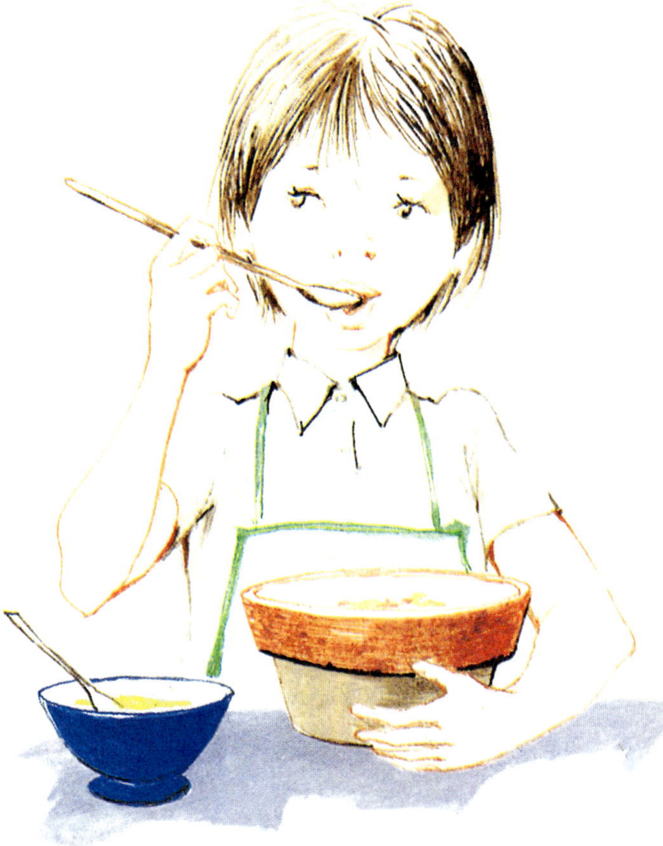

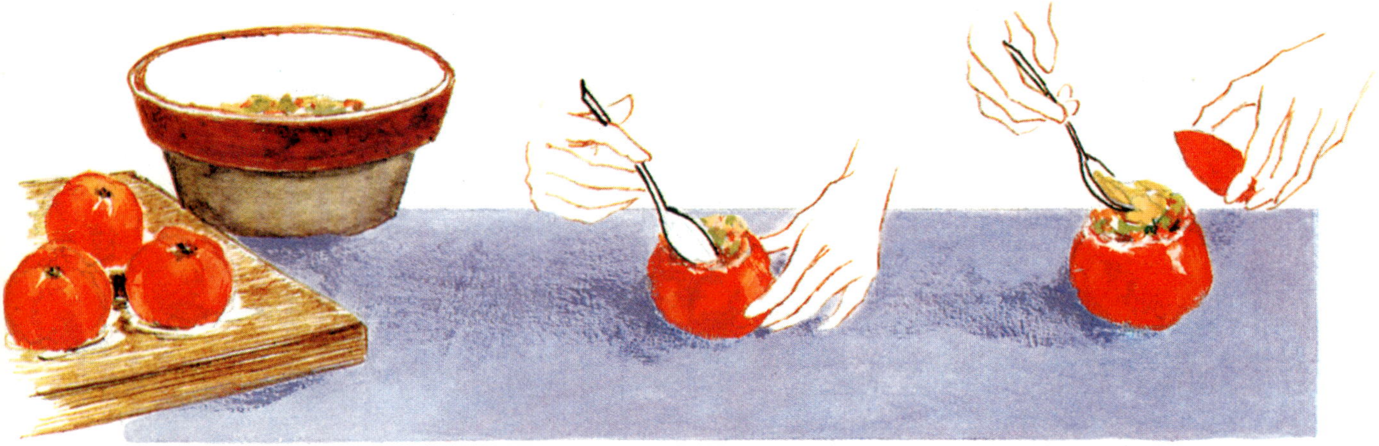

Voici venu le moment de farcir mes tomates ! Tout d'abord, je les retourne, afin que l'eau, attirée par le sel, puisse s'écouler complètement. Et maintenant, à l'aide d'une cuiller, je les remplis de macédoine.

Pour finir, un travail amusant : la décoration du plat. Je prends mes feuilles de laitue; je les lave plusieurs fois à l'eau fraîche; je les égoutte (je peux même pomper l'eau avec du papier de cuisine). Je déploie les six feuilles sur le plat. Je termine la préparation des tomates : avec une cuiller, j'étale à la surface de la macédoine une couche de mayonnaise; je pose le « chapeau », et j'installe chaque tomate farcie sur une feuille de laitue. L'aventure est terminée, presque... car il reste la dégustation : bon appétit, les marmitons !

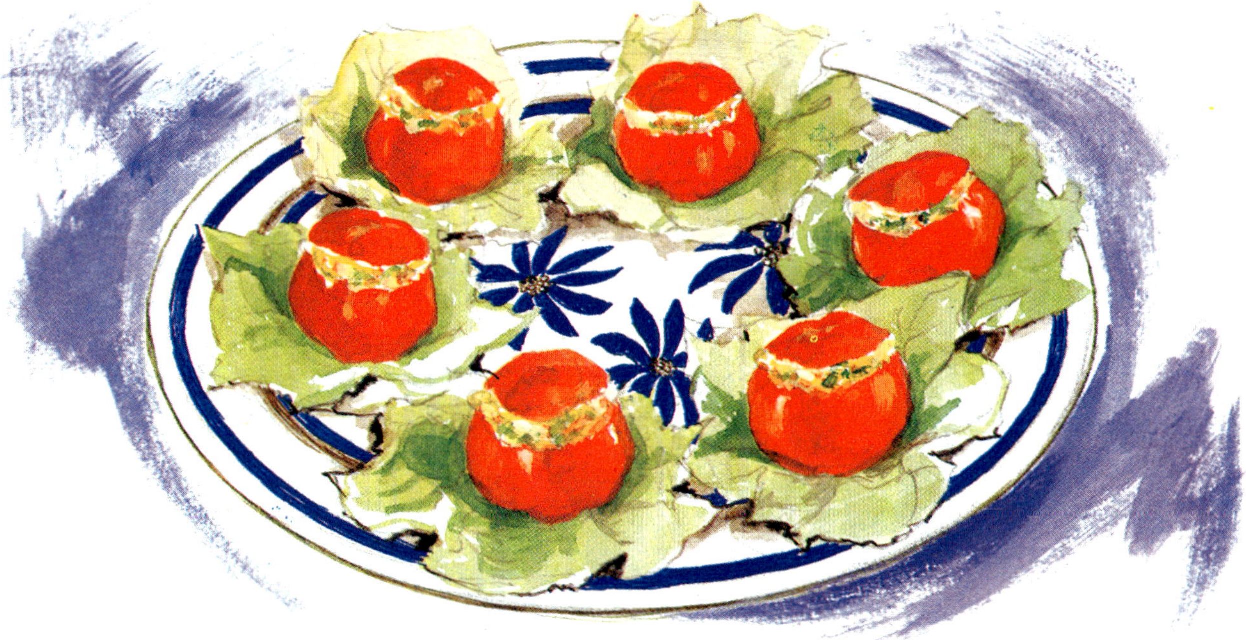

Le quatre-quarts merveilleux

Ah ! Que de conciliabules à l'approche de la fête des mères ! Marguerite et Nicolas échafaudent mille plans... Les projets les plus ambitieux sont tour à tour envisagés. Nicolas propose des menus mirifiques. Il imagine. Il invente. Il rêve. Marguerite, plus réaliste, veut préparer un très joli gâteau. « C'est ce qui fera le plus plaisir à maman, affirme-t-elle : tu sais qu'elle aime, par-dessus tout, les desserts... » Cette évidence ramène Nicolas sur terre et il se rallie volontiers à l'idée de sa sœur. Après une nouvelle discussion, nos marmitons tombent d'accord pour confectionner un quatre-quarts. Mais ce ne sera pas n'importe quel quatre-quarts ! Il sera embelli par une merveilleuse décoration, à la fois colorée et inattendue...

Le quatre-quarts

- **4 œufs, pesés avec leur coquille**
- **même poids de farine**
- **même poids de sucre en poudre**
- **même poids de beurre**
- **1 pincée de sel**
- **1 petite cuiller de vanille en poudre**

- **une grande terrine**
- **un bol**
- **deux assiettes**
- **une cuiller en bois**
- **une petite cuiller**
- **une grande cuiller**
- **un couteau**
- **un moule à manqué rond, 24 cm de diamètre, 5 cm de hauteur**
- **une grille à gâteaux**

Quatre-quarts ? Voilà un nom bien arithmétique pour un gâteau !

Peut-être. Mais c'est un nom qui dit parfaitement ce qu'il veut dire. Car ce gâteau est composé en effet de quatre produits ayant chacun le même poids. Je prends, par exemple, quatre œufs. Je les pèse. Je note le poids. Puis je pèse le même poids de sucre en poudre, que je verse sur une assiette. Je pèse ensuite le même poids de farine, que je recueille sur une autre assiette (après l'avoir tamisée, si elle ne l'est pas déjà). Je pèse enfin le même poids de beurre, que je mets dans la petite casserole, pour la poser à l'entrée du four, thermostat 4. (Le beurre va s'amollir doucement : il sera plus facile à travailler.)

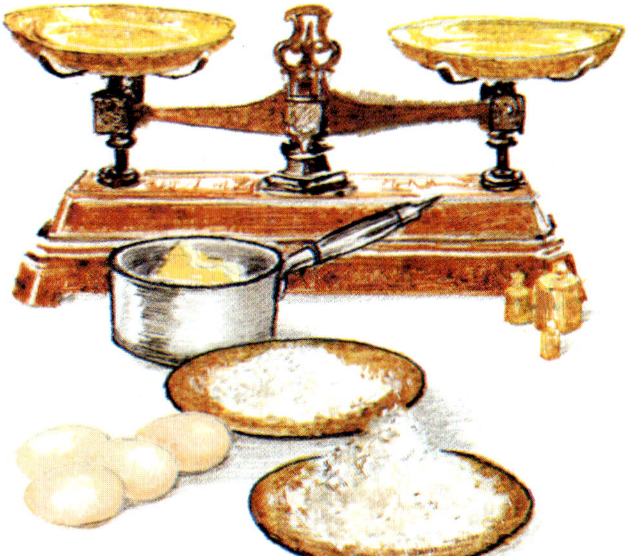

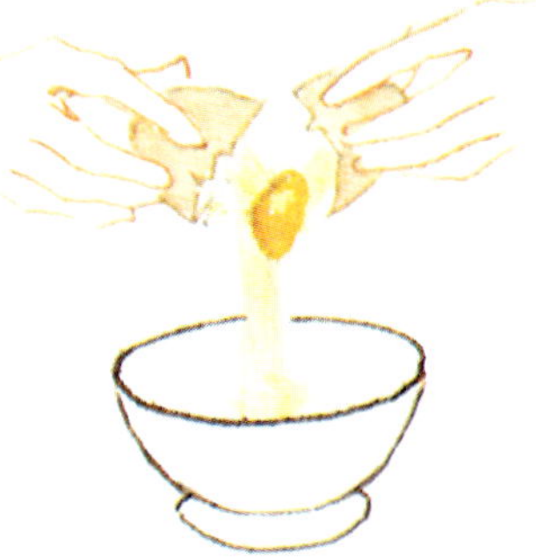

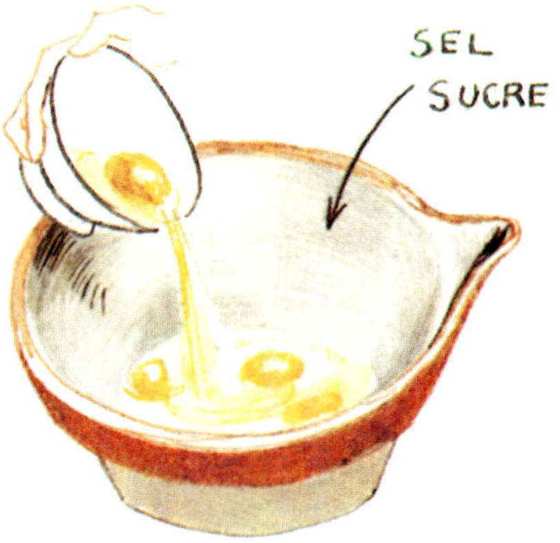

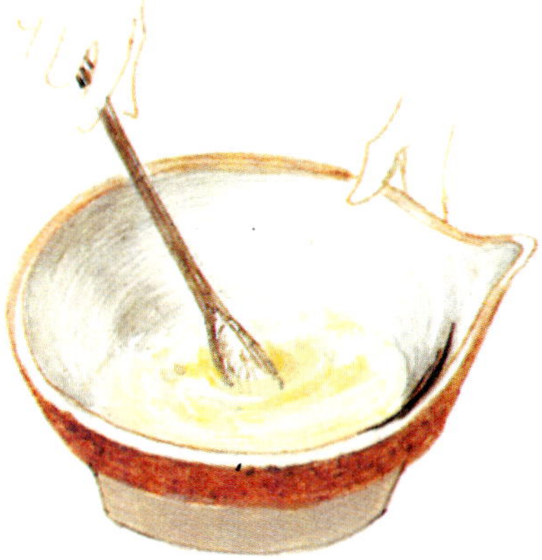

Maintenant, je casse un œuf au-dessus d'un bol — je vois qu'il est bien frais — et je le jette dans la terrine. Je casse de la même manière, l'un après l'autre, les trois

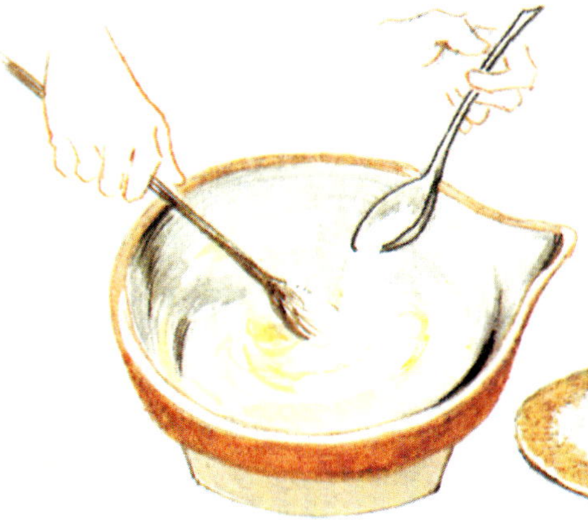

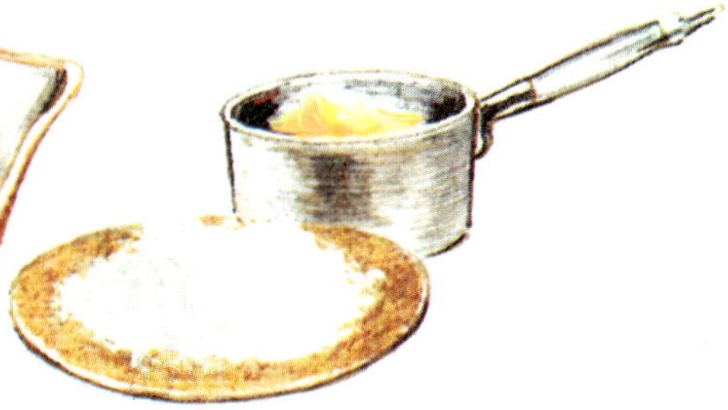

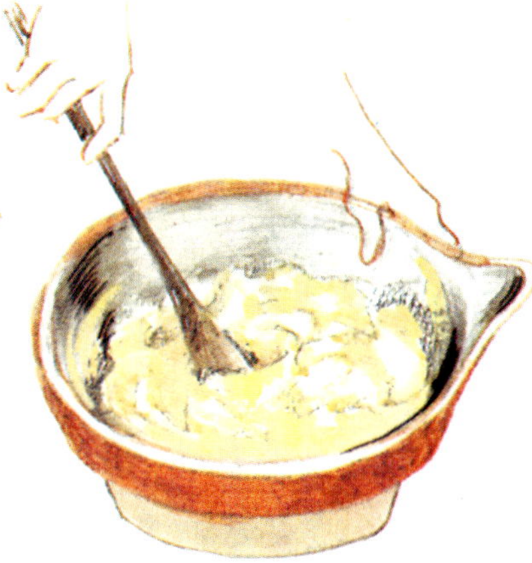

autres œufs. J'ajoute la pincée de sel, le sucre en poudre, et je tourne très vigoureusement pour obtenir une pâte blanche et mousseuse.

Tout en continuant à tourner, j'ajoute tantôt une cuillerée de farine, tantôt une cuillerée de beurre amolli. Je tourne. Je tourne. C'est un peu fatigant. Si j'ai de l'aide, je peux me faire remplacer, car il faut tourner jusqu'à ce qu'il n'y ait plus ni farine, ni beurre.

Ma pâte me paraît bien mélangée. Je vais la parfumer à l'aide d'une petite cuillerée de vanille en poudre.

A présent, il faut beurrer le moule. Avec un morceau du papier qui enveloppait justement le beurre, je frotte l'intérieur des parois. Ensuite, je les saupoudre d'un peu de farine; je secoue le moule, pour répartir la farine, puis je le retourne au-dessus de l'évier afin que le surplus tombe tout seul.

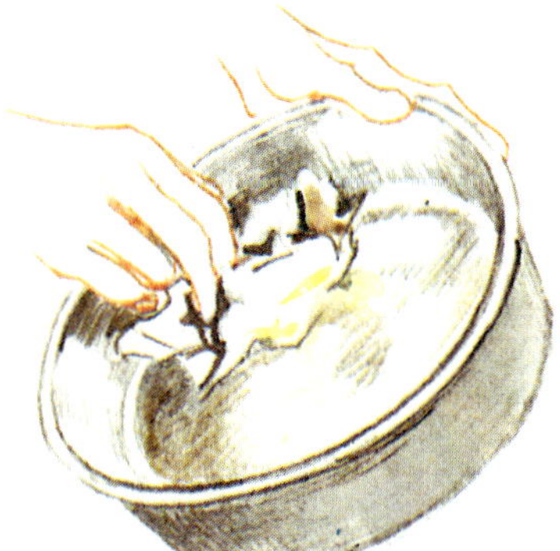

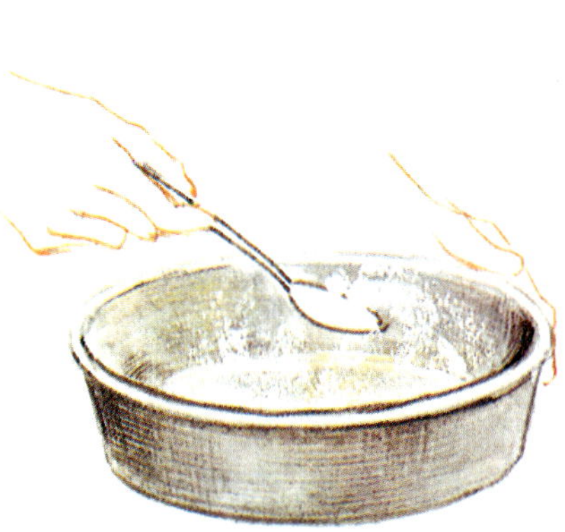

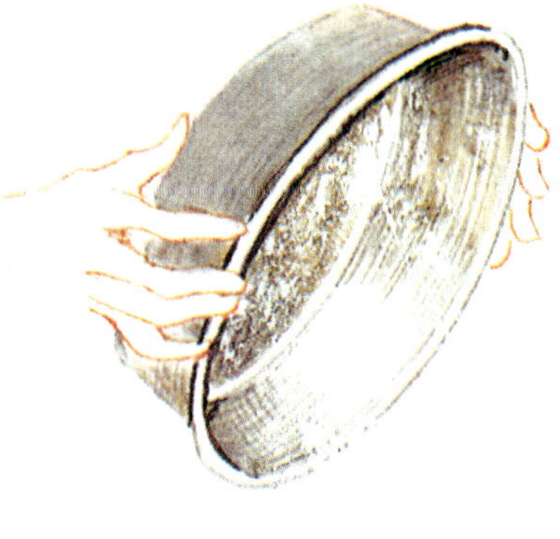

J'allume le four, thermostat 6.

Je verse la pâte dans le moule beurré et fariné et j'enfourne à mi-hauteur.

Je laisse le thermostat à 6 pendant 15 minutes.

Puis je le place sur 5 pendant 10 minutes.

Enfin, sur 4, pendant 20 à 25 minutes. (En tout, 50 minutes de cuisson.)
Pour être certain que mon gâteau est bien cuit, je le tire un peu hors du four, et je pique, au centre, la lame d'un couteau. Si elle ressort propre, mon quatre-quarts est prêt.

J'éteins le four. Je sors le moule (à l'aide de poignées) et je le pose sur une grille. Comme mon gâteau est beau : gonflé, doré, appétissant, sympathique ! Et qu'il sent bon... J'attends une dizaine de minutes avant de le démouler. Non, ce n'est pas difficile : voici la manœuvre à exécuter. Je pose la grille sur le moule. Je tiens bien serrés ensemble grille et moule, je retourne d'un seul coup, hop ! et mon gâteau se retrouve sur la grille !

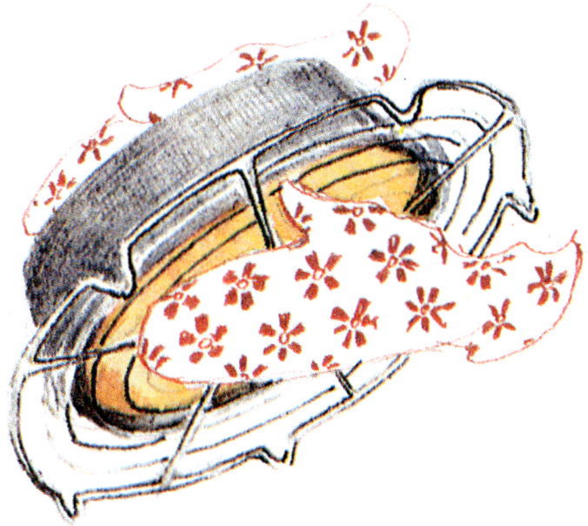

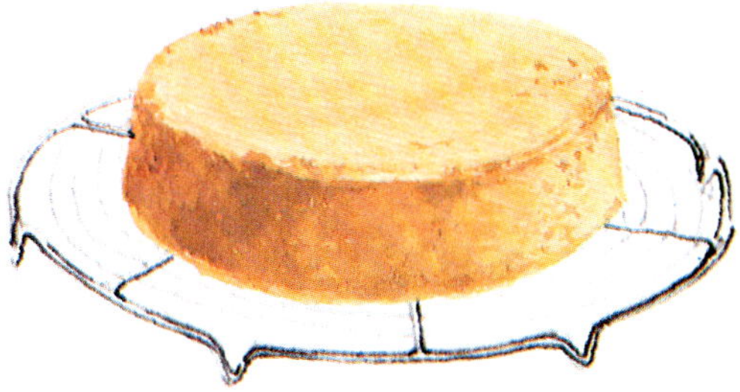

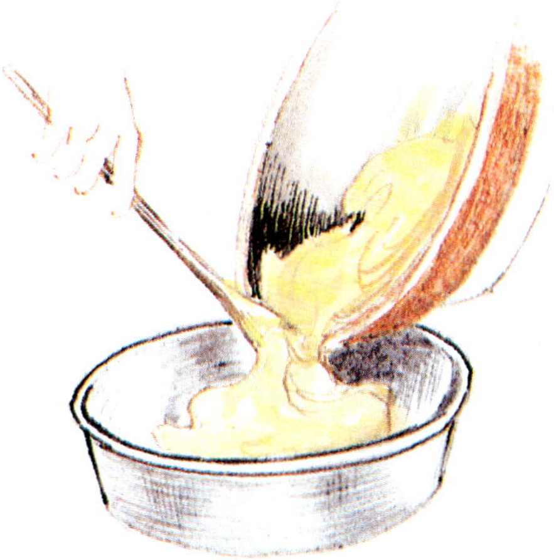

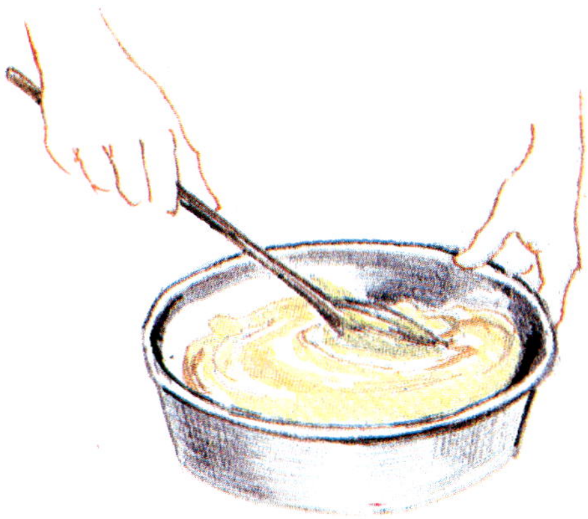

Je le laisse refroidir complètement avant de lui mettre sa parure de fête : fraises et crème fouettée.

Le décor

- **150 g fraises**
- **150 g crème fraîche**
- **2 cuillerées à soupe de lait froid**
- **2 cuillerées à soupe de sucre en poudre**
- **1 petite cuillerée de vanille en poudre**

- **un bol**
- **une cuiller**
- **un batteur à œufs**

Les fraises

Je les lave, puis j'enlève leur petite tige verte et, pour les sécher, je les pose sur du papier de cuisine, qui absorbera l'eau.

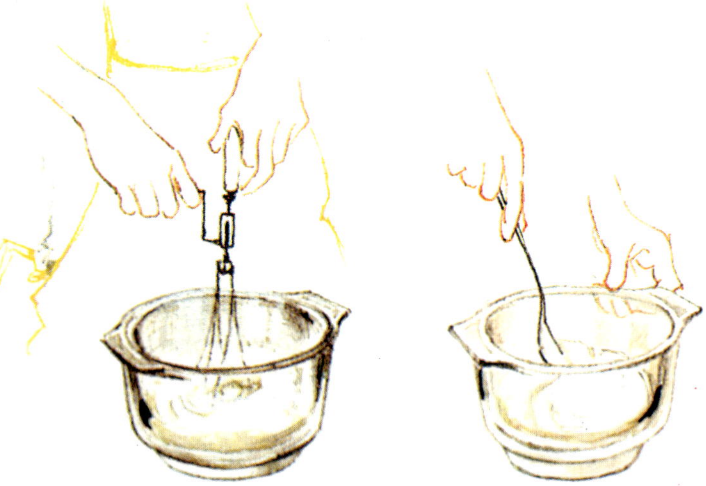

La crème fouettée

Je mets la crème fraîche dans le bol. J'ajoute le lait bien froid. Je prends mon batteur et je tourne assez vite. Comme je porte un tablier, je ne m'inquiète pas des gouttes de crème qui m'éclaboussent. Je tourne toujours, mais ni trop vite, ni trop longtemps, sinon la crème se changerait en beurre. Je m'arrête donc de battre lorsque la crème m'apparaît légère et mousseuse. J'ajoute alors la vanille, le sucre en poudre et je mélange délicatement.

Voici le moment de décorer mon gâteau. Je le fais glisser de la grille sur un plat rond. Puis, avec une cuiller, je dépose sur le pourtour du quatre-quarts des petits tas de crème fouettée. Au milieu de chacun de ces monticules, je place alors une belle fraise bien rouge. (Si, à la fin, il me reste quelques fraises, je peux les disséminer, à ma guise, entre les décorations de crème fouettée.)

Regardez : ne trouvez-vous pas que, maintenant, mon quatre-quarts ressemble à un gâteau de conte de fées ? Quelle jolie surprise pour la fête de maman...

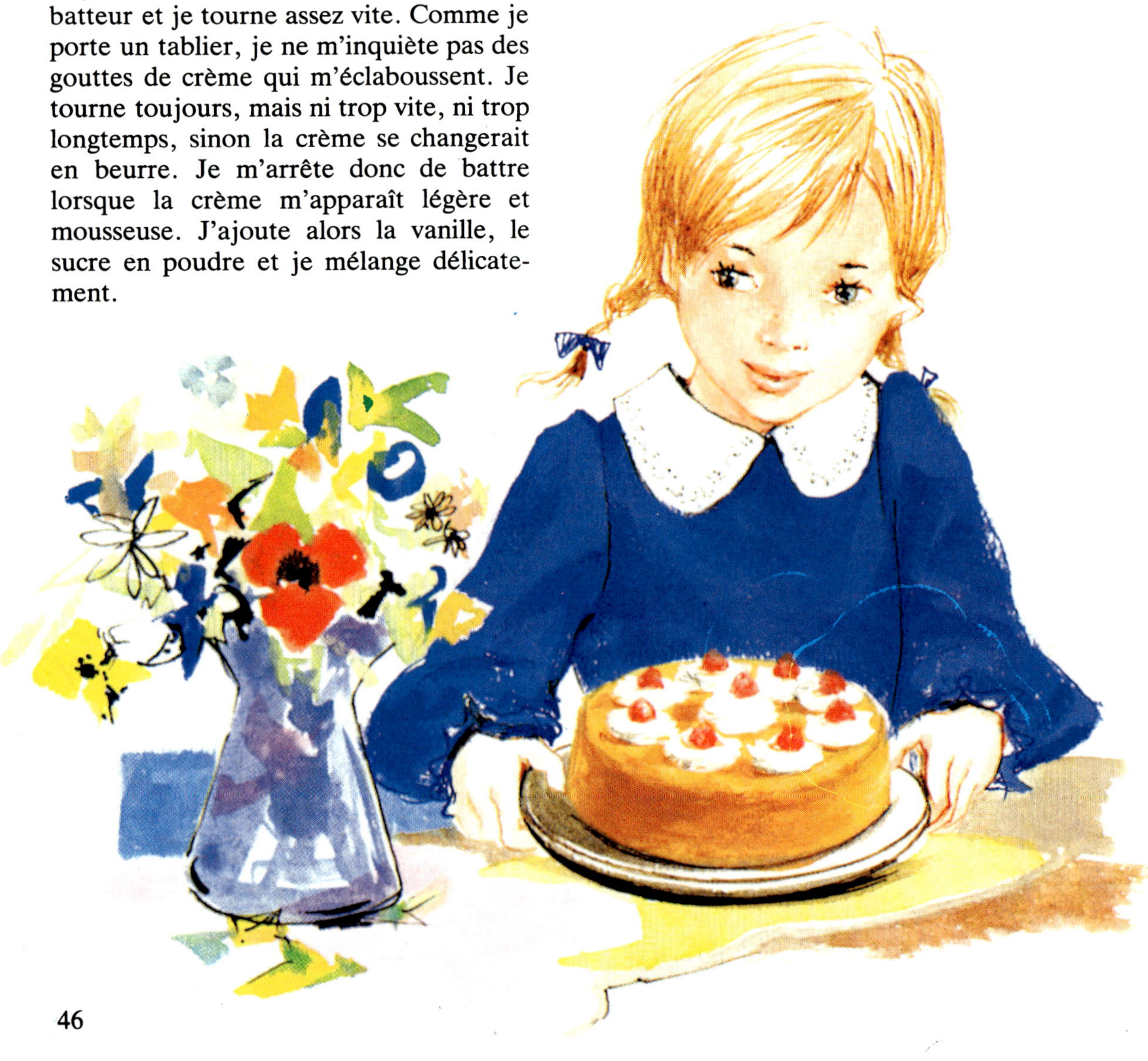

❀ Les jolis sablés que voilà !

Vite, vite, comme deux tornades, Marguerite et Caroline foncent vers la cuisine. Elles ont eu, en même temps, cette bonne idée subite : « Si nous préparions des sablés ? de bons petits sablés ? »

Sitôt dit. Sitôt fait. Mains lavées, tabliers attachés, nos deux jeunes fées sont déjà à l'œuvre.

La pâte sablée

- **une terrine**
- **une spatule ou une cuiller en bois**
- **une planche à pâtisserie**
- **un rouleau**
- **une tasse**
- **une râpe**
- **une assiette**
- **un couteau**
- **une grille à gâteaux**
- **une tôle**

- **250 g farine**
- **125 g sucre**
- **125 g beurre**
- **1 œuf**
- **1 pincée de sel fin**
- **parfum : zeste de citron non traité ou vanille en poudre**

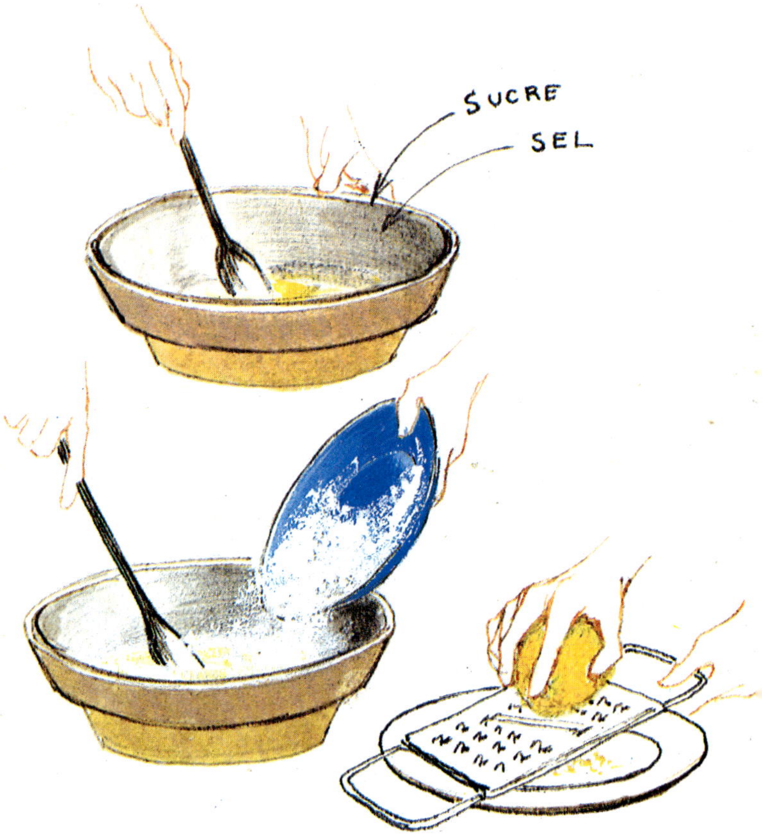

Non, je ne prendrai pas du sable pour faire de la pâte sablée ! Pourquoi s'appelle-t-elle ainsi ? Simplement parce qu'au cours de sa fabrication, sa consistance, vous le verrez, rappelle celle du sable.

Je casse l'œuf au-dessus d'une tasse : il est bien frais — je le verse donc dans la terrine ainsi que le sucre et la pincée de sel.

Je mélange avec ma cuiller en bois. J'ajoute la farine, je mêle et j'obtiens une poudre qui ressemble à du sable.

A présent je prends mon citron, je le lave et je râpe son écorce. Les minuscules « copeaux » jaunes et parfumés tombent sur l'assiette contre laquelle j'ai appuyé ma râpe. Lorsque j'ai terminé, je racle bien cette râpe avec un couteau pour récolter chaque petit morceau de zeste (écorce); je jette le tout dans la terrine et je mélange avec le « sable ».

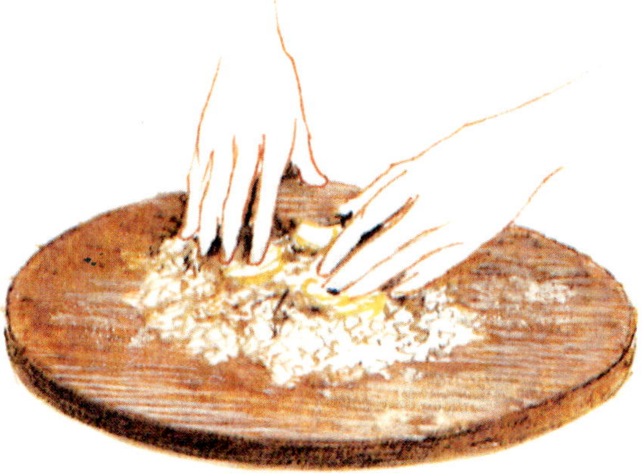

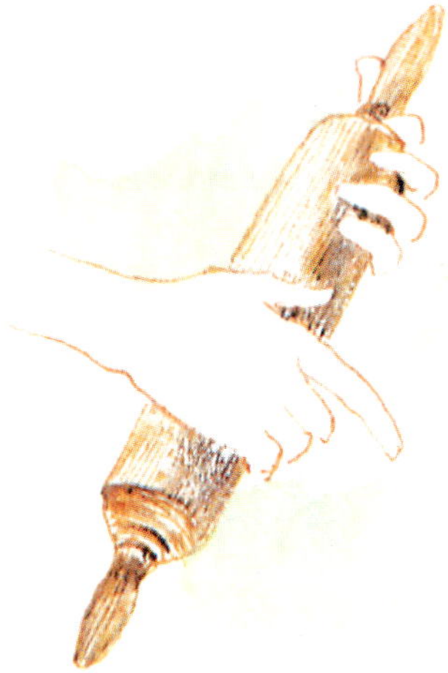

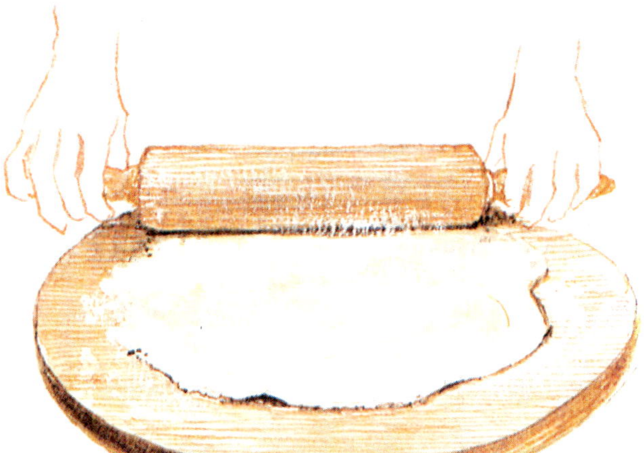

Maintenant, je vais faire ma pâte. Je verse le contenu de la terrine sur la planche à pâtisserie. J'y ajoute le beurre coupé en petits morceaux. Je pétris à la main pour faire entrer la poudre de sable dans le beurre, et le beurre dans la poudre. Quand la pâte est enfin lisse, je la mets en boule.

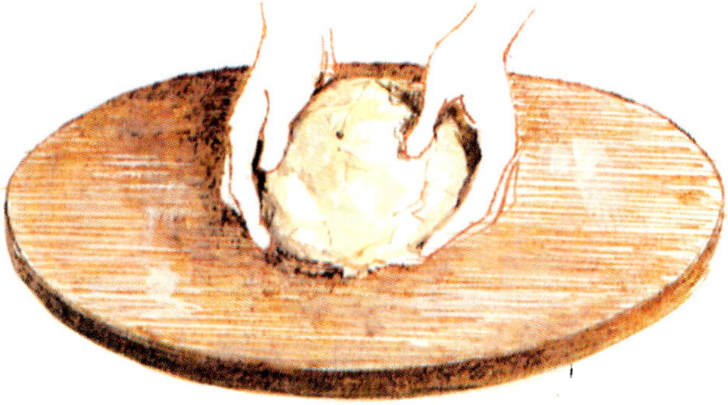

Les petits sablés

Avec cette pâte, je vais préparer mes gâteaux. Je peux leur donner la forme que je veux.

1. soit j'utilise des moules appelés coupe-pâte, ou emporte-pièce, qui offrent de jolies formes variées : cœur, trèfle, animaux, etc.;
2. soit je fais des dessins moi-même : maison, étoile, poisson, canard, etc., sur un carton que je découpe avec des ciseaux. (Marguerite et Caroline, qui ne savent pas très bien dessiner, demandent à Nicolas de les aider...)

Je pose ma pâte sur une assiette, je gratte la planche à pâtisserie avec un couteau, puis je la saupoudre d'un peu de farine. De la farine, j'en mets également sur mes mains, et avec mes mains farinées, je frotte le rouleau pour qu'il soit bien sec et ne colle pas à la pâte.

Je replace la boule de pâte sur la planche et je l'écrase peu à peu avec mon rouleau, dans un mouvement régulier de va-et-vient, en avant, en arrière, en avant, en arrière, jusqu'à ce qu'elle ait une épaisseur de 5 mm. (C'est un peu plus épais qu'une pièce de 5 francs.)

Je sors la tôle du four et je la frotte avec

un morceau de papier imprégné de beurre. J'allume le four, thermostat 5, et je laisse chauffer pendant 15 minutes.

Et maintenant, je m'amuse à couper les gâteaux.

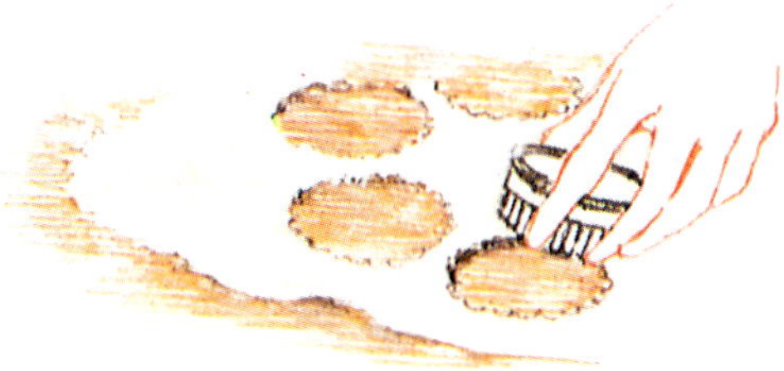

1. *J'ai des emporte-pièce*

(Je peux les acheter chez un marchand de batteries de cuisine.)

Je place cet emporte-pièce, côté coupant, sur la pâte. J'appuie pour couper. Je relève le moule. Je place ma main audessus de la tôle, je passe un petit doigt dans le trou de l'emporte-pièce et je fais tomber le gâteau. Je range les sablés bien en ordre, en économisant la place.

2. *Je dessine des gâteaux à mon idée*

Je pose mon modèle en carton découpé sur la pâte. Avec un couteau, je tourne autour du carton pour couper la pâte. J'enlève le carton. Je glisse la lame d'un couteau sous le sablé que je porte ainsi sur la tôle.

Quand la tôle est bien garnie, je la glisse dans le four chaud, et je laisse cuire 20 minutes. Les sablés sont alors tout dorés. Je passe une lame de couteau sous chaque gâteau et je les dépose sur la grille.

Avec les quantités que j'ai utilisées, je

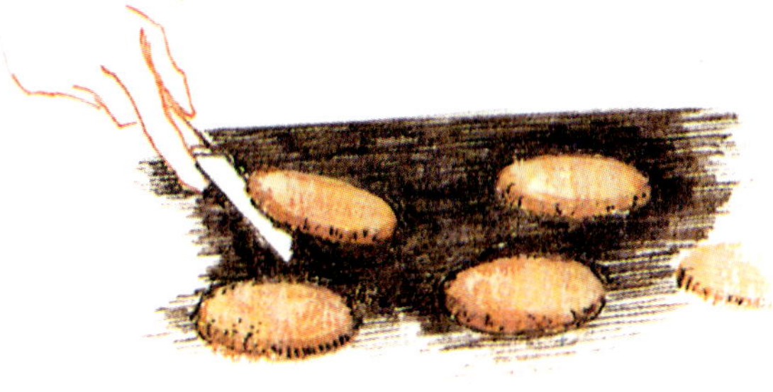

peux faire 25 à 30 sablés. Sur la planche, après mes découpages, il reste de la pâte en dentelle. J'en refais une boule. A nouveau, je l'étale avec le rouleau sur la planche farinée et je recommence à couper des gâteaux. Je peux faire une deuxième cuisson si je n'ai pas suffisamment de place sur ma tôle.

Lorsque les sablés sont froids, je les range dans une boîte en fer blanc. Ils se garderont ainsi pendant quinze jours. Mais je suis certaine qu'ils auront été tous dévorés bien avant cette date, les jolis sablés que voilà !...

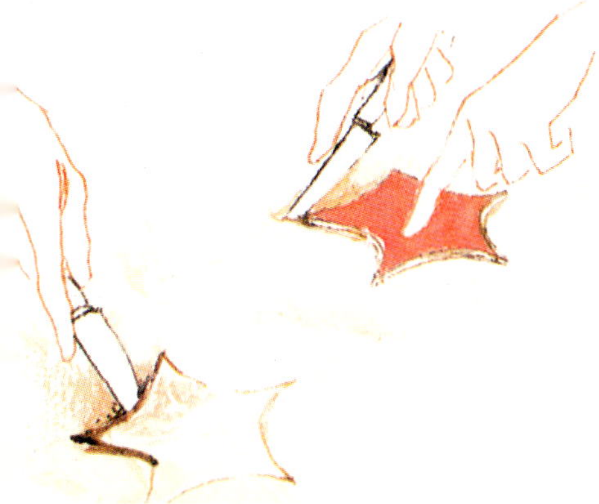

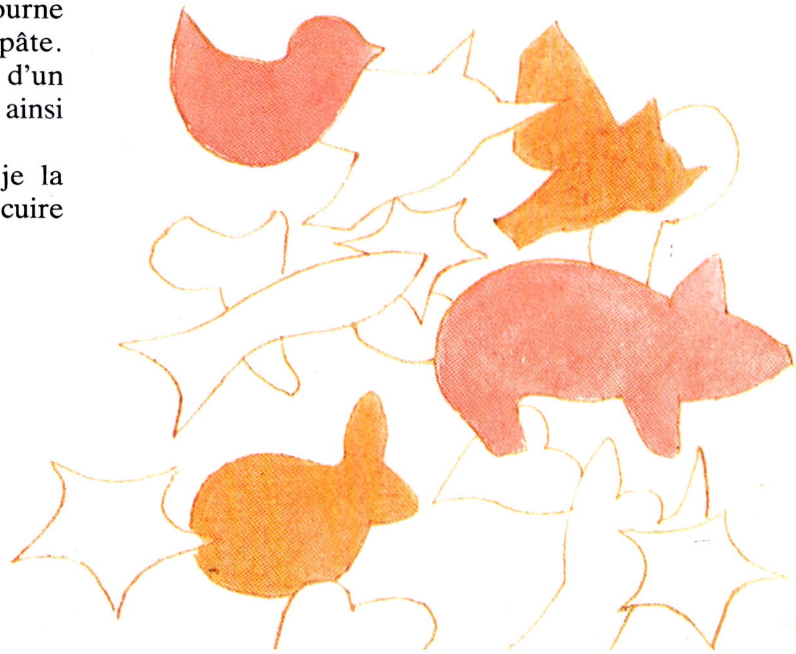

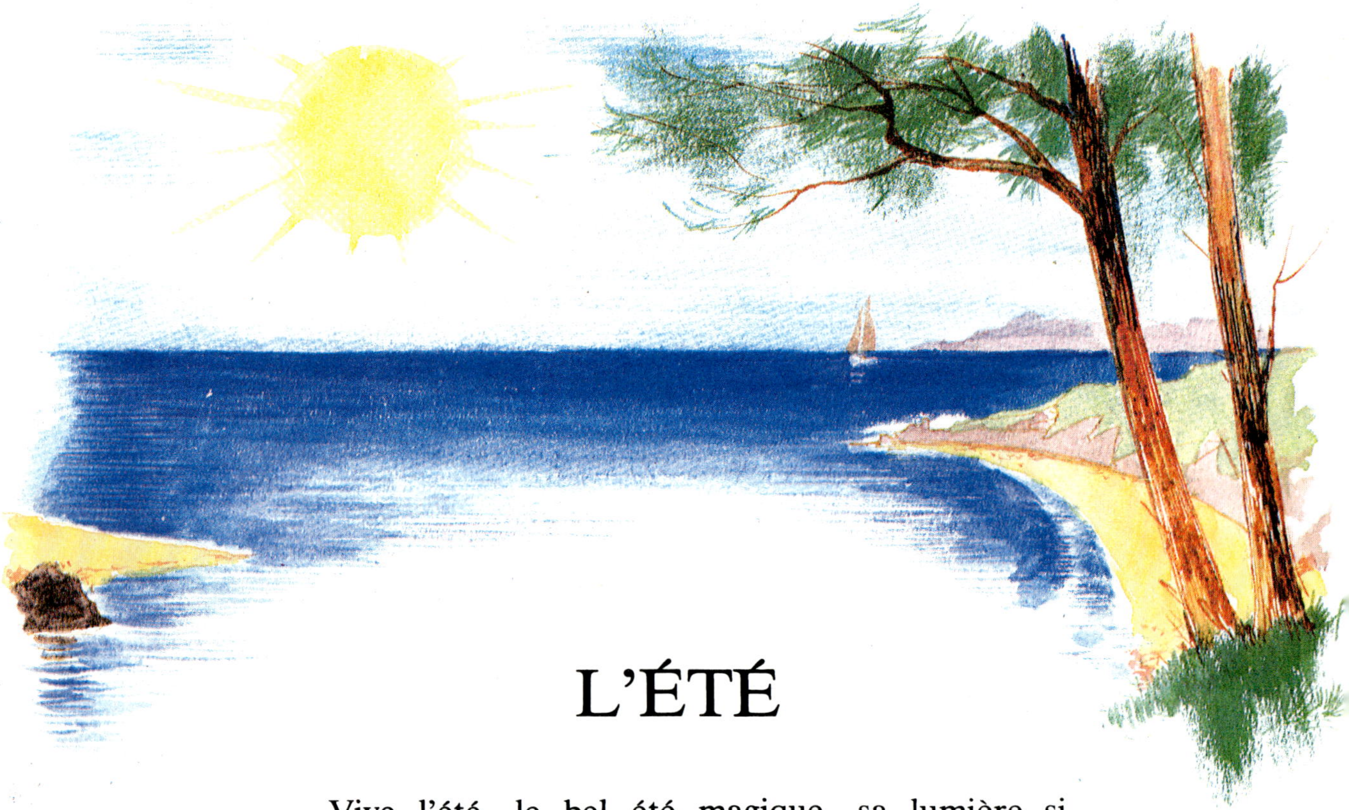

L'ÉTÉ

Vive l'été, le bel été magique, sa lumière si chaude, ses fruits ensoleillés...

Vivent les vacances, les longues journées au grand air, les escapades, les aventures, et les jolis pique-niques fantaisistes !

Alerte, guillerette, voici la sauce vinaigrette !

Un concours s'organise, dans la fraîche cuisine du vieux mas provençal, où nos marmitons commencent leurs vacances, un concours peu ordinaire, puisqu'il s'agit d'un concours de vinaigrette !

Pour aider leur maman, qui offrira ce soir à de nombreux cousins un grand dîner de salades, pour s'amuser surtout, Marguerite, Caroline et Nicolas sont transformés, ce matin, en apprentis sauciers...

Voici la recette de la sauce vinaigrette et de ses variantes.

- **5 cuillerées d'huile**
- **2 cuillerées de vinaigre**
- **1/2 cuillerée à café de sel fin**

- **un bol**
- **une cuiller à soupe**
- **une fourchette**

Je mets le sel dans la cuiller. J'y verse un peu de vinaigre et je mélange en tournant avec la fourchette à l'intérieur de la cuiller. Lorsque le sel est fondu, je verse le mélange dans le bol. J'ajoute le reste du vinaigre, puis je verse l'huile en tournant toujours, mais sans trop de hâte, car je me méfie des éclaboussures : l'huile fait des taches affreuses.

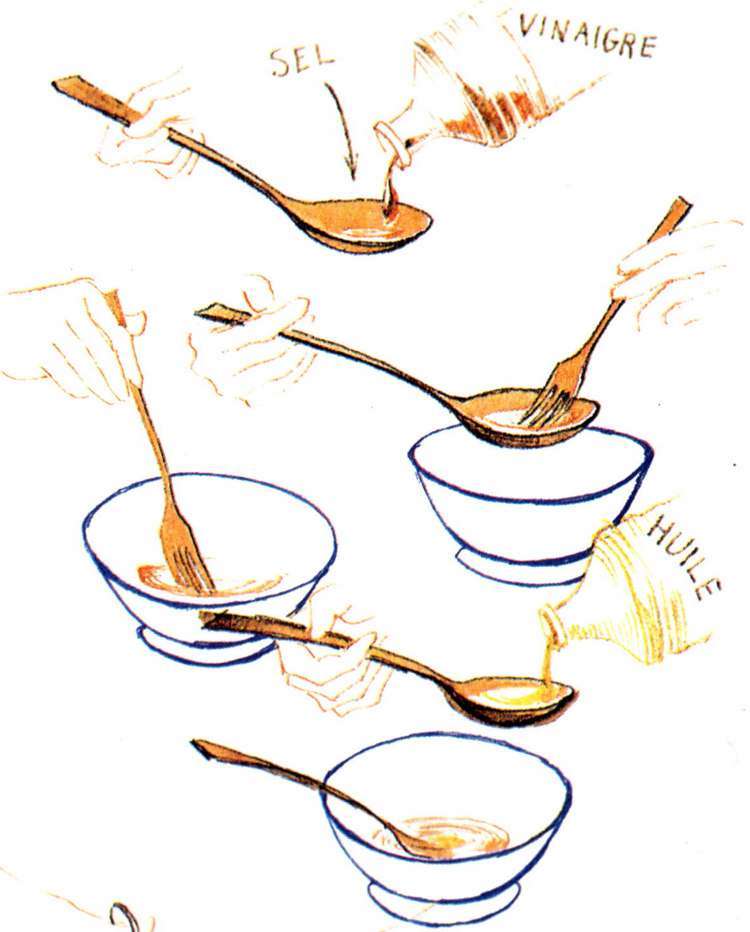

Variantes

— Ma vinaigrette aura un goût très différent, et très agréable, si j'y ajoute une cuillerée à soupe de fines herbes hachées (persil, cerfeuil, ciboule ou estragon).

Je lave les herbes, je les égoutte, je les épluche, ôtant soigneusement feuilles jaunies ou tiges inutiles, je les empile sur la planche à hacher et je les coupe finement à l'aide du hachoir. (Ou bien, je les mets dans un verre et, avec des ciseaux de cuisine, je les coupe, coupe, coupe, vivement, prestement, allègrement, jusqu'à ce que toute cette verdure soit hachée menu.)

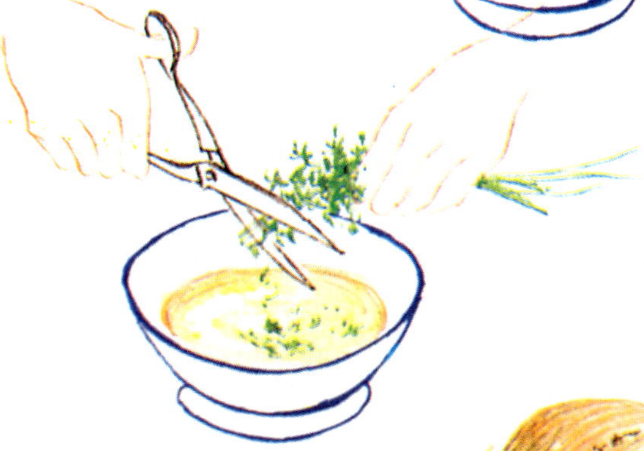

— Une autre fois, j'ajoute à ma sauce une cuillerée d'oignons hachés.

Éplucher les oignons, je le sais, donne instantanément envie de pleurer. Mais il existe un remède à ce triste inconvénient : il suffit d'éplucher l'oignon sous l'eau. Ensuite, je le coupe en tranches et je le hache avec la moulinette.

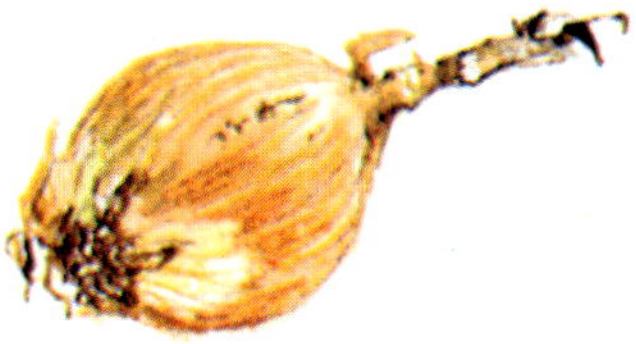

— Je peux également introduire dans ma vinaigrette une cuillerée de moutarde. Dans ce cas, je mets la moutarde avec le sel au creux de la cuiller à soupe, j'ajoute le vinaigre et je délaye avec la fourchette. Puis je procède comme pour la vinaigrette ordinaire (première recette), mais je mets une cuillerée d'huile en plus.

— Une autre idée délicieuse : je remplace le vinaigre par du jus de citron, et l'huile par de la crème fraîche liquide.

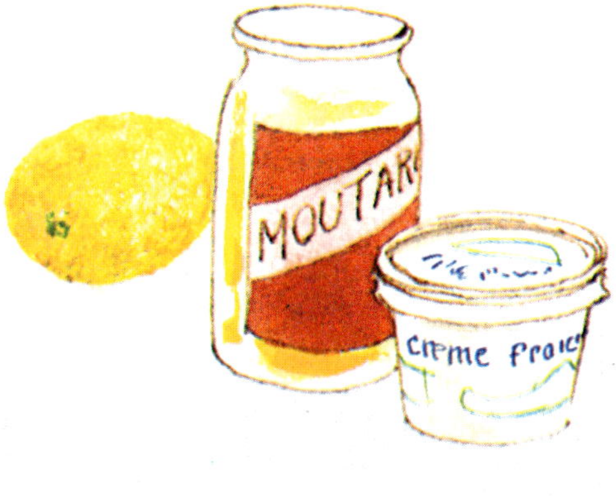

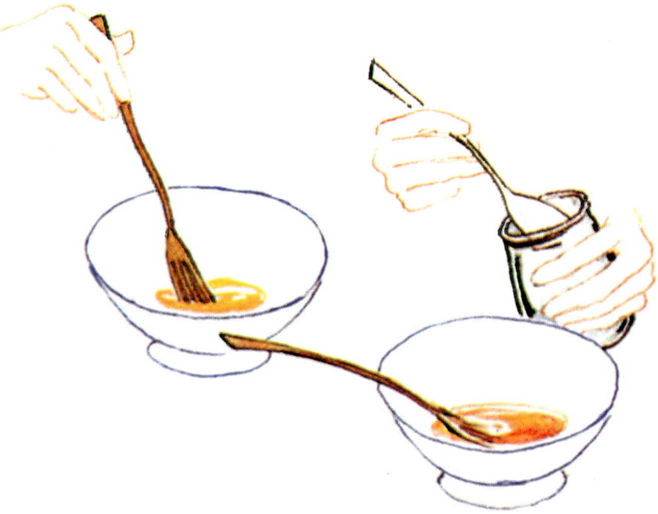

Vinaigrette au yaourt

- **4 cuillerées à soupe de yaourt**
- **1 cuillerée 1/2 à soupe de vinaigre**
- **1/2 cuillerée à café de moutarde**
- **1/2 cuillerée à café de sel fin**

- **un grand bol**
- **une cuiller à soupe**

C'est étonnant, n'est-ce pas, d'utiliser ce yaourt, que j'ai l'habitude de manger bien sucré, pour réaliser une sauce salée !

Je mets la moutarde dans le bol, j'ajoute le sel, et je délaie avec le vinaigre, en tournant soigneusement. Puis j'ajoute le yaourt, en tournant toujours. Ma sauce a une couleur bizarre, c'est vrai, mais quelle saveur exquise ! Je peux ajouter, selon mes préférences, des fines herbes ou de l'oignon.

Les trois cousins ont préparé toutes ces vinaigrettes dans de jolis bols, qui s'alignent maintenant sur la table de la cuisine. Ils se sont beaucoup amusés à doser les mélanges : ils avaient l'impression d'élaborer des potions magiques !

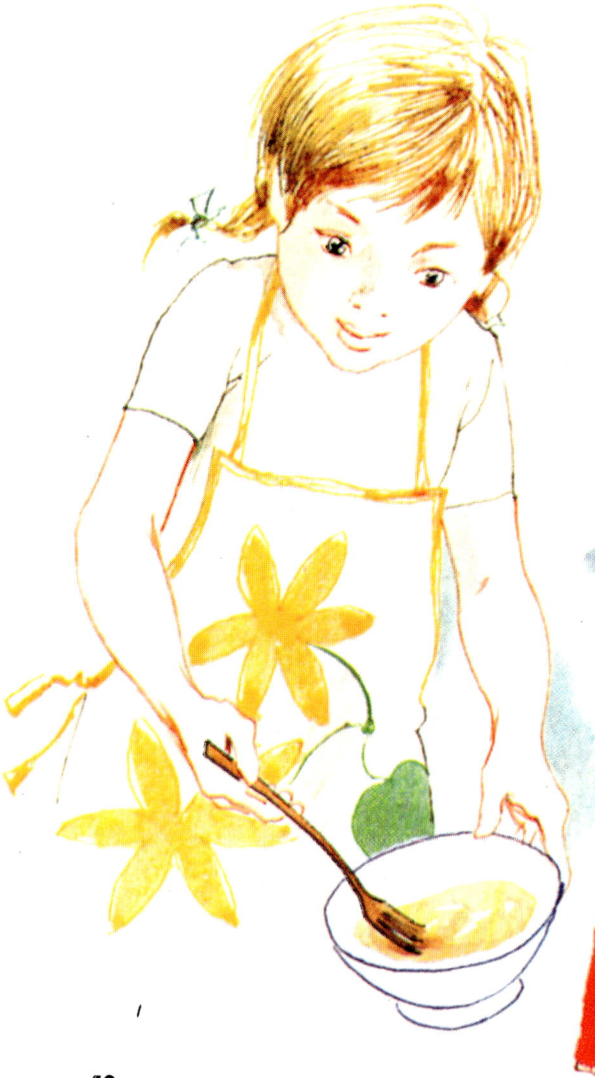

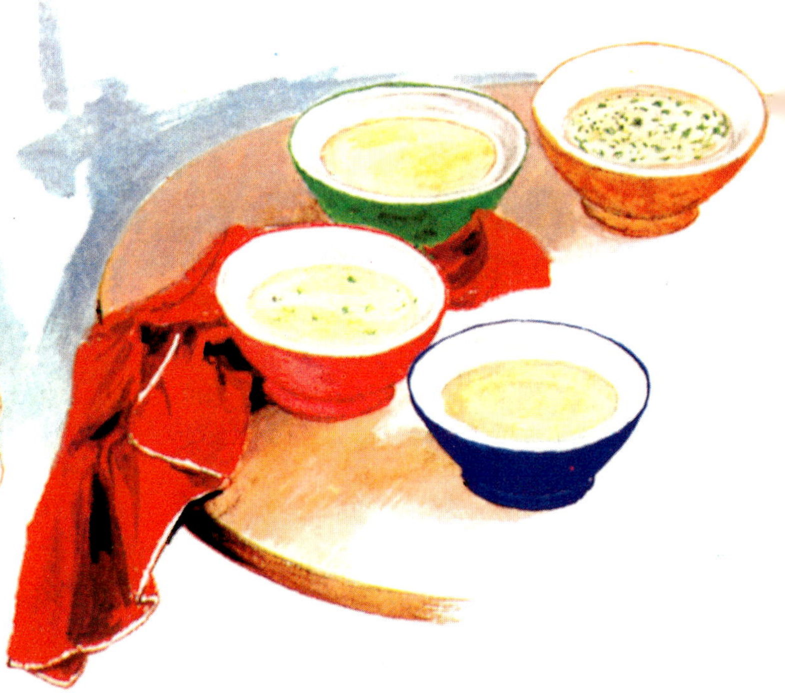

Une salade extraordinaire : la salade Winnipeg

Le dîner de salades fut un régal, et les vinaigrettes très appréciées.
Émoustillés par ce succès, Marguerite, Caroline et Nicolas ont résolu de préparer aujourd'hui, en plus de la sauce vinaigrette, une belle salade variée, intéressante, inattendue, la salade Winnipeg. Elle porte le nom d'un lac canadien. Pourquoi ? je l'ignore; ce que je sais, c'est qu'elle est très savoureuse.

pour 6 personnes :

- **200 g thon au naturel**
- **100 g lard de poitrine fumé**
- **2 oignons moyens**
- **500 g pommes de terre (Rosa Hollande, ou Roseval)**
- **1 belle branche de persil**
- **1 petite tasse de vinaigrette**

- **une casserole, 16 cm de diamètre**
- **une passoire**
- **deux couteaux de cuisine**
- **une petite poêle Tefal**
- **une palette de bois**
- **trois assiettes**
- **une terrine**
- **un plat allongé pour servir la salade**
- **un couvert à salade**
- **une tasse**

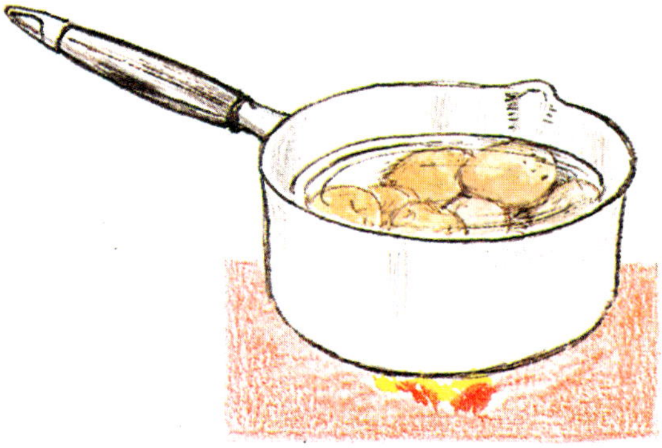

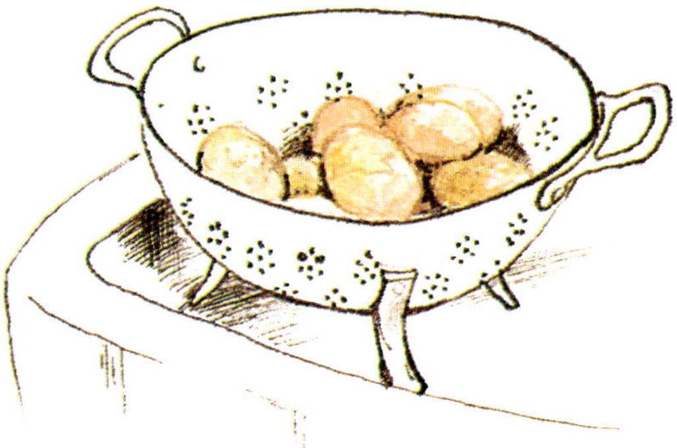

Je m'occupe, en premier lieu, des pommes de terre. Je les lave, je les brosse, puis je les mets dans la casserole et je les recouvre d'eau froide. Elles vont cuire dans leur « robe des champs », c'est-à-dire avec leur peau. Au bout de 20 à 25 minutes, je pique un couteau de cuisine dans une pomme de terre. Si la lame pénètre facilement, ma pomme de terre est cuite. J'éteins le gaz, je renverse ma casserole au-dessus d'une passoire posée sur l'évier, (je fais attention de ne pas me brûler avec l'eau bouillante) puis je remets les pommes de terre dans la casserole pour les arroser avec de l'eau froide pendant trois minutes. (Elles s'éplucheront plus facilement.) Avec un couteau, j'incise la peau, puis je tire. Elle

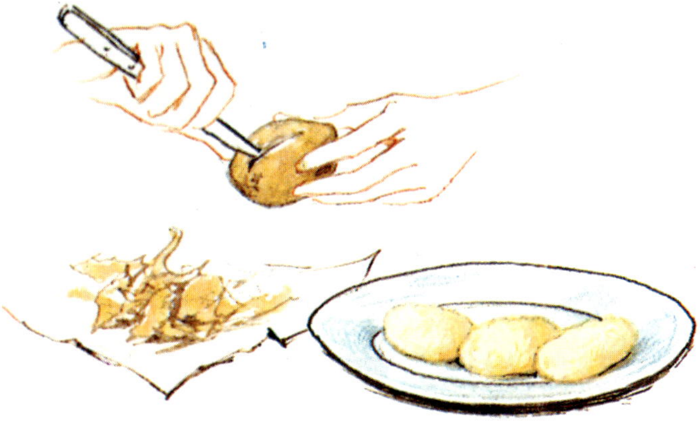

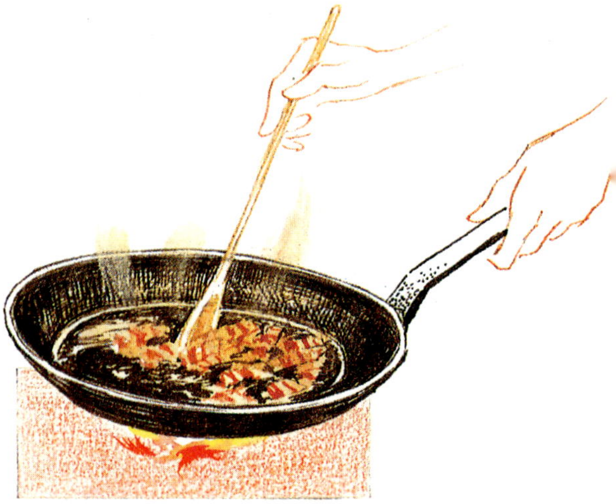

s'enlève sans difficulté, comme une pellicule de papier. Je pose mes pommes de terre ainsi pelées sur une assiette, où elles achèvent de refroidir.

Maintenant, j'ouvre la boîte de thon, je le verse dans la passoire et je laisse égoutter.

Ensuite, je prépare le lard. Avec un couteau, j'enlève la couenne, c'est-à-dire la peau dure, épaisse, et parfois piquetée de poils, qui recouvre la viande. Puis je coupe le lard en petits morceaux de 1 cm d'épaisseur, que l'on appelle lardons. Je prends alors la poêle Tefal, j'y mets le beurre, que je fais fondre puis chauffer quelques instants, et j'y pose les lardons. Ils commencent à dorer. Avec la palette de bois, je les tourne délicatement, pour qu'ils puissent rissoler sur toutes les faces. Lorsqu'ils ont bonne couleur, je les retire doucement de la poêle, et je les range sur une assiette.

Au tour des oignons. J'enlève leurs peaux jaunes, je les lave, je les installe sur une planche, et, avec mon couteau, je les coupe en minces rondelles. Puis je détache les anneaux, que je garde sur une assiette.

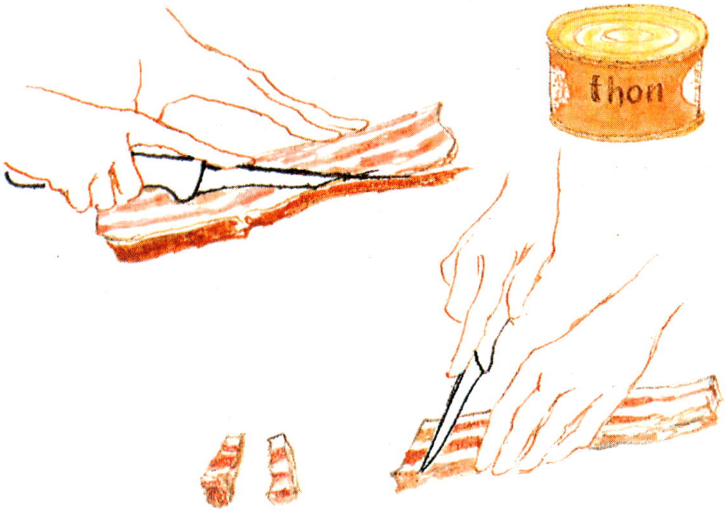

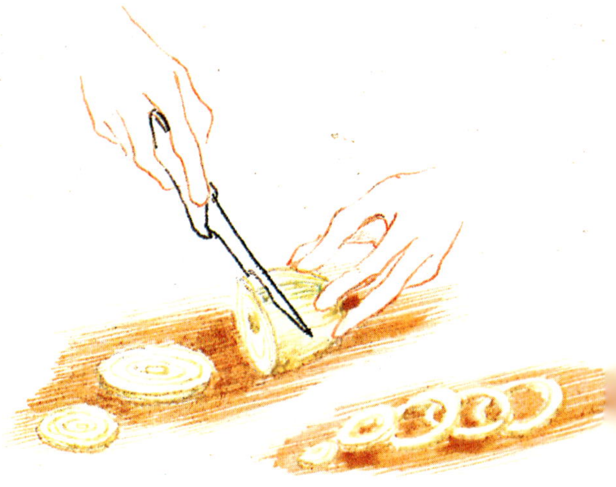

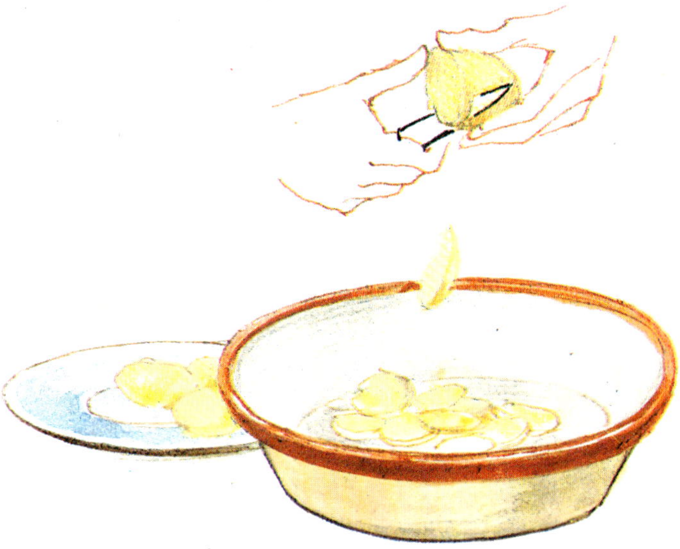

Entracte : je confectionne ma sauce vinaigrette. (cf. p. 50)

Ensuite, je coupe les pommes de terre refroidies en fines tranches, que je recueille, au fur et à mesure, dans la terrine. J'ajoute le thon bien égoutté et divisé en petits morceaux, puis les lardons et la sauce vinaigrette. Je mélange soigneusement. Je goûte, j'ajoute peut-être un peu de sel, ou bien une cuillerée d'huile. Voilà : ma salade est délicieuse.

Je la dispose sur le plat long. Je mets une guirlande d'oignons autour du plat, une autre sur la salade. Il ne manque qu'un peu de verdure : je saupoudre une pincée de persil haché au milieu de chaque anneau d'oignon.

Le déjeuner semble soudain très loin aux trois enfants. Ils ont hâte de déguster cette salade originale. Et puis, tout en la savourant, ils vérifieront, mine de rien, les connaissances géographiques des convives; ils leur demanderont ce qu'évoque pour eux le mot Winnipeg ! une montagne ? un lac ? une rivière ? Et, surtout, de quel pays ?

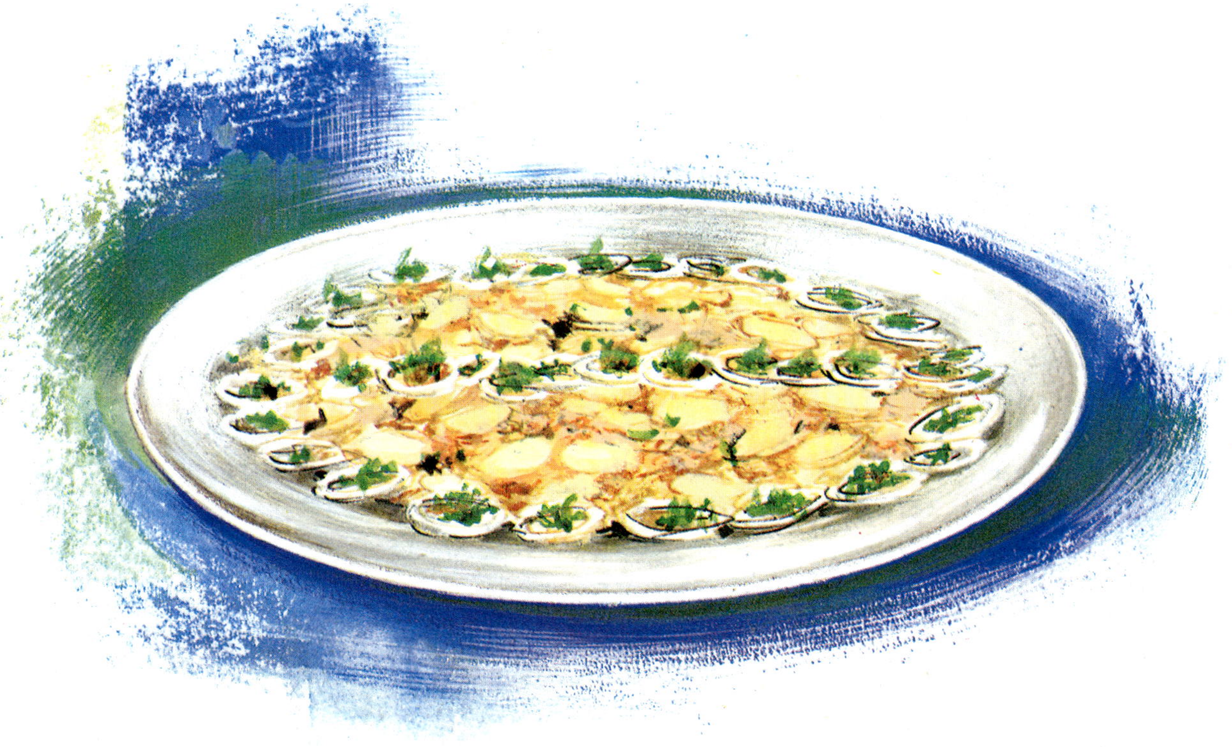

Turlutte, turlurette : tartes et tartelettes !

Comme il est gai, ce matin, le marché du village, avec ses étalages chargés de fruits éclatants ! Il y a, en particulier, une montagne de fraises irrésistibles... Quelle chance ! Car, justement, Marguerite et Caroline ont prévu de confectionner des tartelettes l'après-midi même. Nicolas ne participera pas à cette séance de pâtisserie : sa cabane, selon lui, a un besoin urgent de réparation.

« Et bien, nous nous passerons des conseils du chef ! » susurrent les deux cousines, d'un air mi-résigné, mi-moqueur.

La pâte brisée

pour 20 tartelettes :

- **250 g farine**
- **125 g beurre**
- **1 cuillerée à soupe d'huile**
- **1 pincée de sel fin**
- **9 cuillerées à soupe d'eau, soit 1/2 verre**

- **une terrine**
- **une planche à pâtisserie**
- **un rouleau à pâtisserie**
- **une spatule ou une cuiller en bois**

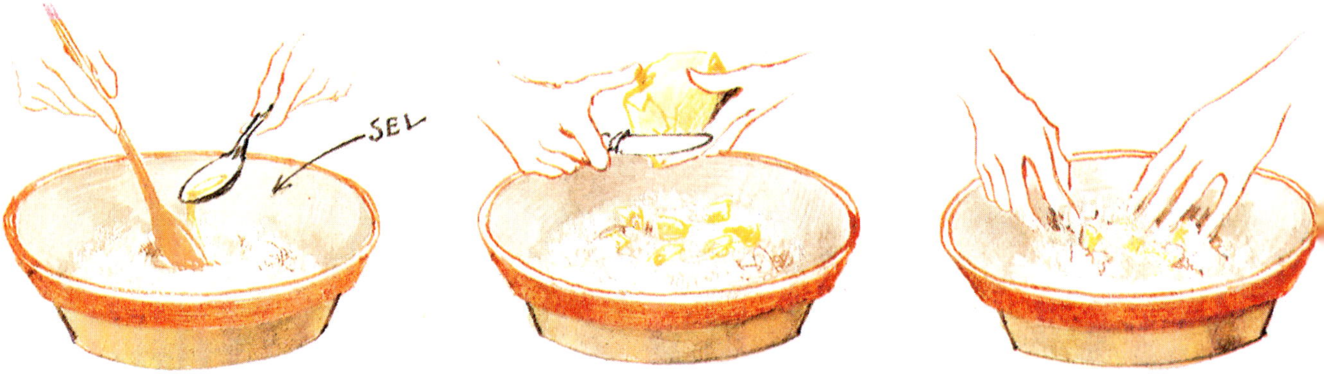

La pâte brisée s'appelle ainsi tout simplement parce qu'une fois cuite, elle a tendance à se briser lorsqu'on la coupe.

Je verse la farine dans la terrine. J'y creuse un « puits », au creux duquel je mets le sel, l'huile, et le beurre coupé en petits morceaux. Je travaille légèrement avec les mains pour bien incorporer farine et matières grasses. Je fais à nouveau un puits, et j'y verse l'eau froide. Cette fois, je travaille avec la cuiller pour mêler le tout. Quand ce mélange commence à ressembler à une pâte, et que l'eau a été entièrement absorbée par la farine, je le dépose sur la planche à pâtisserie et je le pétris avec mes mains pendant deux minutes. (Oui, juste deux minutes ! C'est très amusant de pétrir la pâte, mais je ne

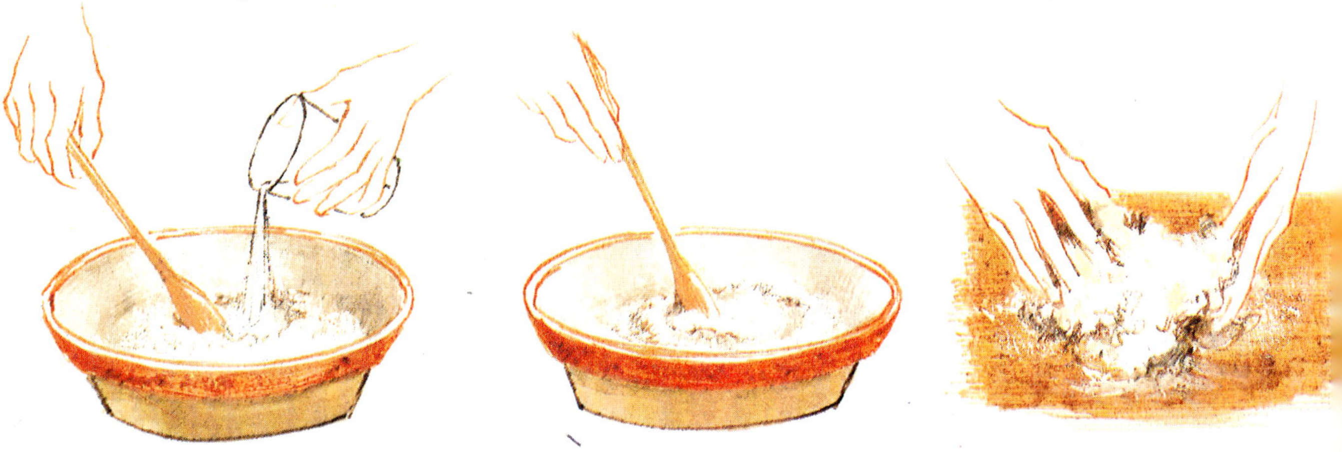

dois pas dépasser le temps indiqué, sinon elle serait moins croustillante après la cuisson.) Puis je fais une boule.

Si j'ai le temps, je recouvre cette boule d'un torchon, ou d'un bol, (pour éviter qu'elle ne sèche) et j'attends une heure. Je laisse « reposer » la pâte. Elle sera bien meilleure ainsi...

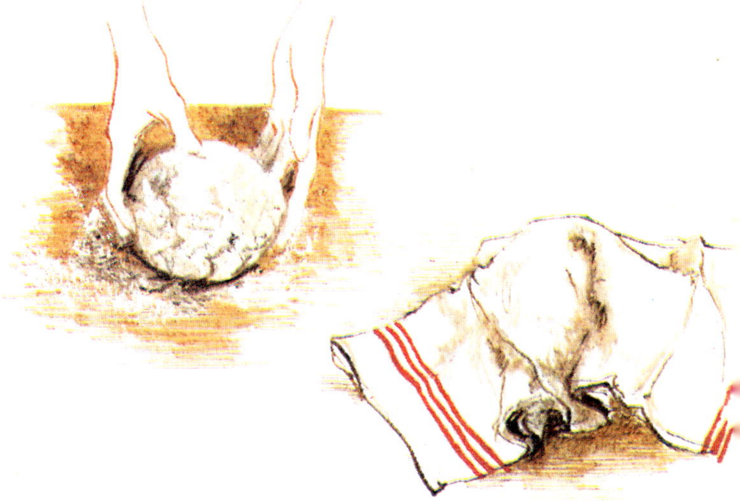

Les tartelettes

Je choisis de préparer, non une grande tarte, mais plusieurs tartelettes. Je les garnirai de fraises.

- **350 g fraises**
- **3 cuillerées à soupe de gelée de groseille framboisée**

- **vingt moules à tartelettes soit ronds, 7 cm de diamètre soit longs, 8 cm de long**
- **une petite casserole**
- **une fourchette**
- **trois petites cuillers**
- **une grille à gâteaux**

Je sors la tôle du four, que j'allume, thermostat 6. Il chauffera dix minutes.

Je verse un peu de farine sur la planche et j'y pose la boule de pâte. Puis je prends un peu de farine dans mes mains et je frotte le rouleau. Maintenant, avec ce rouleau fariné, j'écrase la boule de pâte et je l'aplatis jusqu'à ce qu'elle ait l'épaisseur d'une pièce de 5 francs.

C'est le moment de garnir mes moules. Je frotte d'abord le fond de chacun d'eux avec un petit papier bien beurré. Puis je glisse un premier moule sous la pâte. J'appuie légèrement avec les doigts pour que la pâte descende au fond du moule. Toujours avec les doigts, je repousse légèrement la pâte du bord vers l'intérieur, ce qui forme un petit bourrelet. C'est parfait. Il ne reste qu'à appuyer avec les doigts pour couper la pâte. Comme elle est tendre et souple, l'opération est très facile.

Je glisse le deuxième moule sous la pâte, à côté de l'ouverture découpée par le premier. Et je répète les mêmes manœuvres.

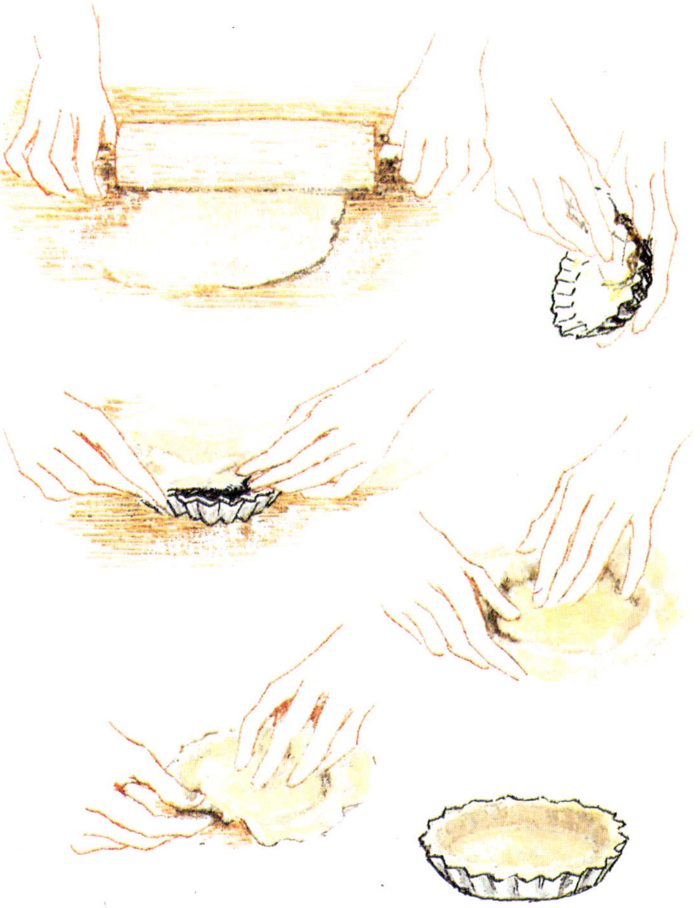

Je garnis ainsi les 20 moules.

(Si la pâte restante est en dentelle, elle n'est pas perdue pour autant : je la remets en boule et je l'étale à nouveau sur la planche à pâtisserie.)

J'ai choisi de mettre des fraises dans mes tartelettes. C'est une excellente idée. Je sais qu'il ne faut pas cuire les fraises. Je cuirai donc les tartelettes vides. Mais, en cuisant, la pâte risque de gonfler, de se boursoufler, voire même de faire des « ballons » ! Pour éviter ces « malfaçons », c'est-à-dire pour que la pâte reste collée au fond de son moule, je prends une fourchette, et, avec ses dents pointues, je pique la pâte pour y percer des petits trous.

Je range tous les moules sur la tôle et je les mets dans le four bien chaud. (Je monte le thermostat à 7.) Je compte dix minutes de cuisson.

Je sors la tôle du four. Je passe un couteau sous les moules pour les retirer de la tôle et je les pose sur une assiette, afin de ne pas brûler la table.

J'attends que les tartelettes refroidissent un peu. Puis je glisse la lame d'un couteau entre le moule et le bord de la pâte qui est ferme et dorée. C'est alors que je dois faire bien attention de ne pas laisser tomber les croutes des tartelettes : elles se *briseraient !* Je les dépose donc avec précaution sur la grille.

Je m'occupe maintenant des fraises.

Je les lave à l'eau fraîche dans la terrine. Je les équeute. Je les sèche sur du papier de cuisine. Et je garnis enfin les 20 tartelettes. (Si les fraises sont trop grosses, je les coupe en deux par le milieu, et je pose la partie bombée vers l'extérieur.)

Il ne reste plus qu'à les décorer avec de la gelée de groseilles. Je mets les trois cuillerées de gelée dans la casserole. J'ajoute une cuillerée d'eau et je fais chauffer en mélangeant bien. J'obtiens un sirop épais. A l'aide d'une petite cuiller,

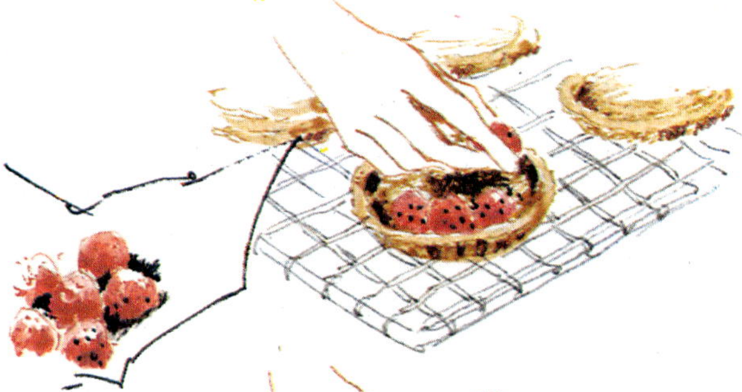

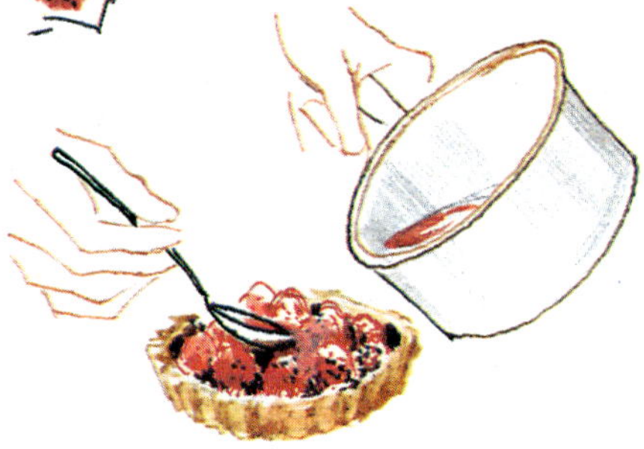

je prends ce sirop et je l'étale sur les fraises. Regardez comme elles brillent, tout à coup ! C'est vraiment très joli ! Je m'amuse enfin à disposer ces belles tartelettes sur un plat rond, comme les pétales d'une fleur.

Le soir, Marguerite et Caroline, toute roses de fierté, apportent leurs pâtisseries, en chantonnant gaiement :

« Turlutte, turlurette : tartes et tartelettes ! »

Mais Marguerite s'interrompt soudain : « Je ne sais pas si Nicolas a le droit d'en manger ? Il ne nous a pas aidées ! »

Une tonitruante protestation montre que Nicolas ne comprend pas encore très bien la plaisanterie...

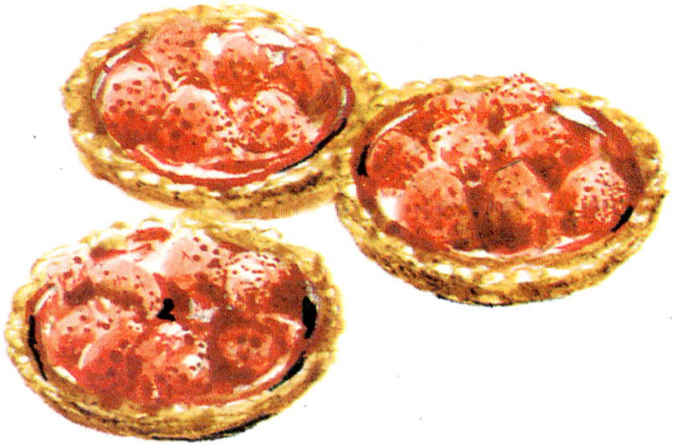

Le sandwich d'explorateur

Levés dès l'aube, les trois cousins travaillent en silence dans la fraîche cuisine du mas. Par la fenêtre, on aperçoit le ciel clair et lumineux, contre lequel les cyprès et les pins parasols se découpent avec une netteté parfaite. C'est une promesse de beau temps pour toute la journée. Tant mieux ! Car nos marmitons ont organisé un pique-nique.

Ils ont donné rendez-vous à leurs amis sur une colline voisine. Là, à l'ombre des chênes verts et des oliviers, ils ont repéré un sous-bois merveilleux pour jouer aux explorateurs... Mais nos pionniers auront besoin de ravitaillement pour cette expédition. Il faut donc préparer un pique-nique savoureux, amusant et facile à transporter. Il y aura des sandwichs d'explorateur, et un melon-surprise.

Le sandwich d'explorateur est, à lui seul, un véritable repas, car il contient, dans un même morceau de pain, le hors-d'œuvre, la viande et le fromage.
Et puis, avec sa forme de flûte, il donne à celui qui le mange l'air d'un charmeur de serpents...

Les quantités sont indiquées pour une personne. Il faut donc faire la multiplication par le nombre de personnes qui participeront au pique-nique.

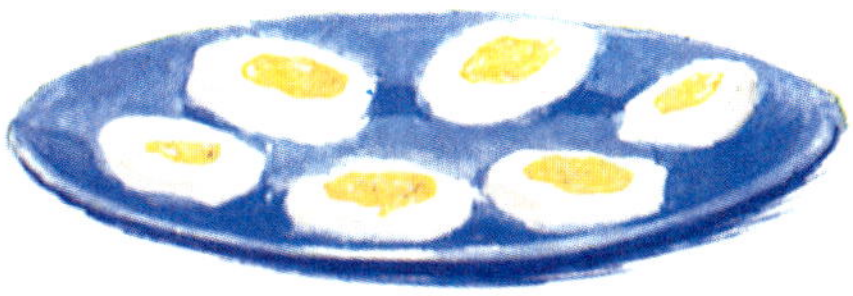

- **1 baguette, appelée « ficelle »**
- **2 tranches de saucisson à l'ail**
- **8 olives vertes**
- **3 rondelles d'œuf dur (1/2 œuf)**
- **1 tranche de jambon de Paris**
- **1 tranche de gruyère (10 cm de long, 20 g en tout)**
- **30 g beurre**
- **2 cuillerées à café de moutarde**

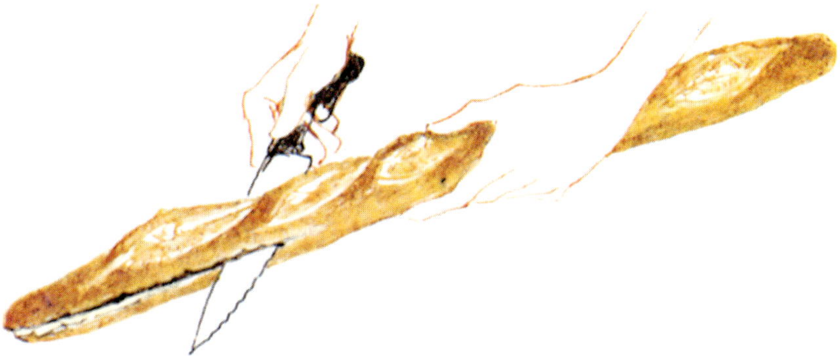

- **un couteau**
- **une casserole**
- **une petite cuiller**
- **deux assiettes**

— Je fais durcir les œufs pendant dix minutes à l'eau bouillante. (cf. recette p. 38). Je les passe sous l'eau froide. Puis je les écale. Quand ils sont froids, je les coupe en rondelles que je garde sur une assiette.

— Je dénoyaute les olives.

— J'ouvre la ficelle en deux parties égales dans le sens de la longueur.

— Je beurre chaque moitié, puis j'installe la garniture qui se présentera dans l'ordre suivant :

- d'abord, à la queue leu leu, les 2 tranches de saucisson, dont j'ai retiré la peau;
- puis 1 tranche de jambon roulée sur elle-même, afin qu'elle ne déborde pas du pain;
- ensuite, l'une après l'autre, les 3 rondelles d'œuf dur;
- enfin, la tranche de gruyère;
- je dépose les olives, ici et là, à ma guise.

— Je recouvre ce défilé avec l'autre moitié du pain, je serre bien fort pour qu'aucun ingrédient ne tombe et j'emballe dans une feuille d'aluminium.

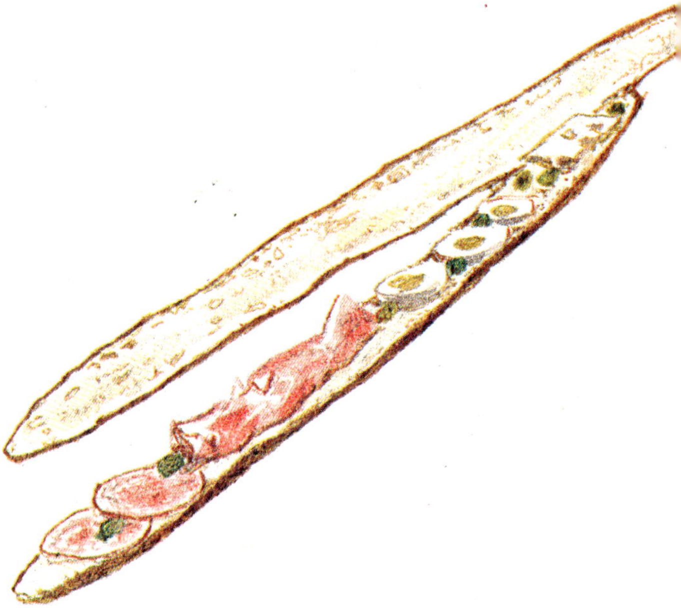

Rien qu'à voir cet intéressant sandwich, je me sens une faim d'ogre ! Vivement que midi arrive ! Et vivent les pique-niques !

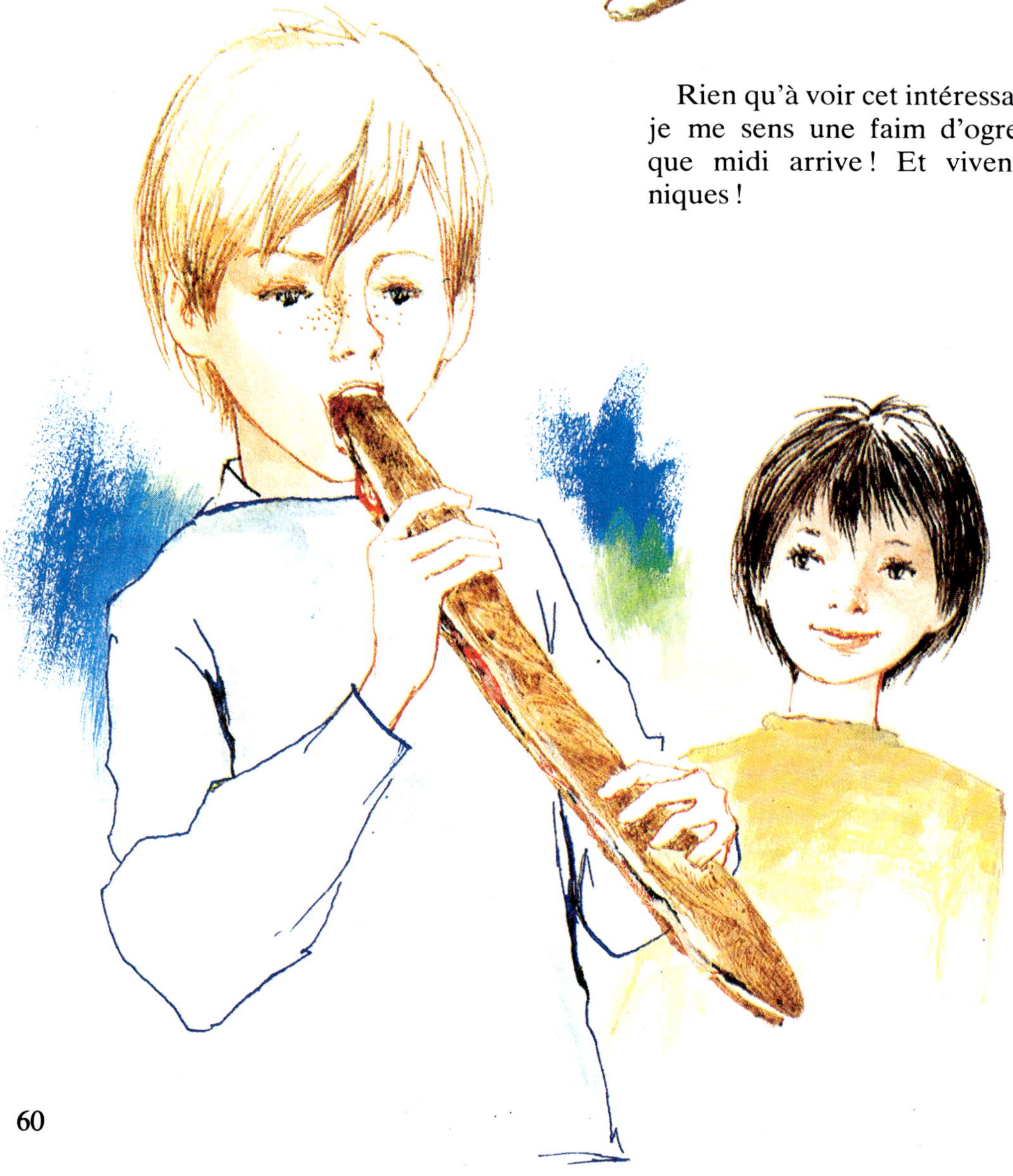

Melon-surprise

Voyons quelle surprise nous réserve ce melon ! Ou plutôt, que vais-je faire pour métamorphoser un melon en « melon-surprise » ? Voici le secret...

pour 6 personnes

- **1 melon assez gros**
- **250 g fraises**
- **250 g groseilles**
- **100 g framboises**
- **60 g sucre en poudre**
- **1/2 citron**

- **un saladier**
- **une terrine**
- **une passoire**
- **une fourchette**
- **deux cuillers à soupe**
- **un presse-citron**
- **quatre assiettes**
- **du papier d'aluminium**

Je pose mon melon devant moi. Du côté de la queue, je trace un cercle avec un crayon. Je prends un couteau; j'appuie la pointe sur le trait de crayon; j'entame l'écorce; et j'enlève ainsi une sorte de couvercle. Ce couvercle, je le mets de côté sur une assiette.

Avec une cuiller à soupe, j'enlève maintenant les pépins qui sont à l'intérieur du melon, et je les jette.

Je peux désormais creuser le melon : je retire la chair, morceau par morceau, que je pose sur une assiette. Je travaille lentement, avec prudence et réflexion, car il ne faut pas crever l'écorce. Quand le melon est évidé, je coupe en petits cubes les morceaux trop gros.

Puis je m'occupe des jolis fruits rouges. Dans la terrine remplie d'eau froide, je lave délicatement les groseilles. Je les verse dans la passoire pour les égoutter. Alors, tenant une grappe par la tige, je passe une fourchette le long de cette tige pour que les petits grains se détachent et tombent dans le saladier.

Je lave les fraises de la même façon, je les égoutte, j'enlève leur queue et je les jette dans le saladier.

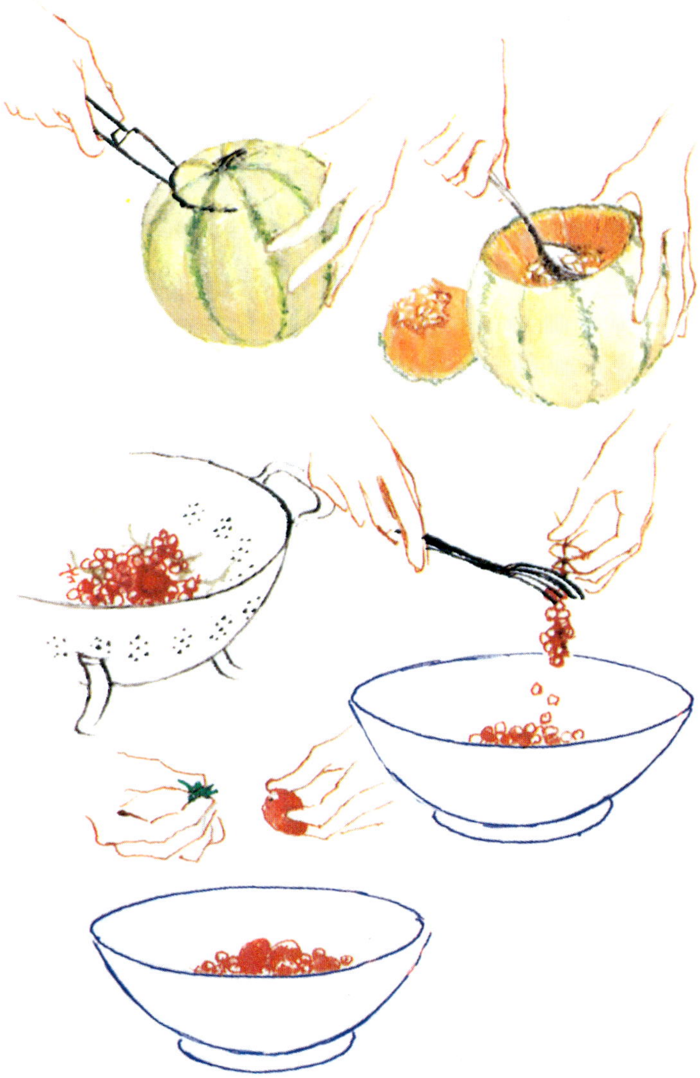

J'ajoute les cubes de melon, le sucre en poudre et le jus d'un demi-citron (que j'ai pressé sur le presse-citron). Avec une grande cuiller, je mélange le tout.

Je n'ai pas oublié mes framboises, mais elles sont fragiles et je les ajoute à la dernière minute pour qu'elles ne soient pas écrasées. Je les lave dans la terrine, je les égoutte, et je les verse dans le saladier.

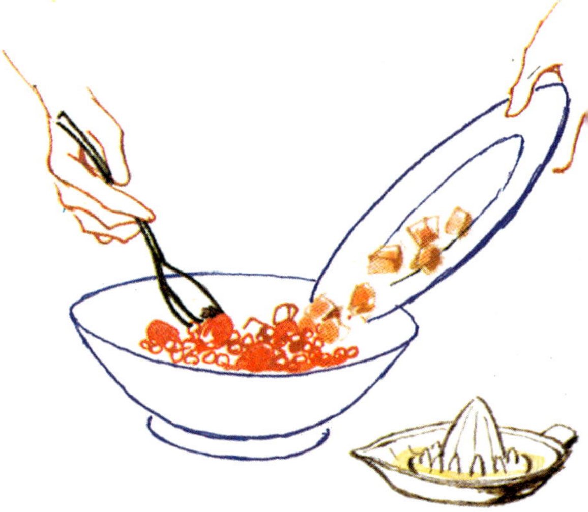

Avec la grande cuiller, je tourne deux ou trois fois. Et maintenant, je remplis le melon avec cette salade de fruits. Cuillerée par cuillerée, je déverse dans la belle écorce verte cette macédoine parfumée. Quand j'ai terminé, je pose le couvercle.

J'enveloppe ensuite le melon dans du papier d'aluminium et je le glisse dans un sac en plastique. (Je prendrai garde à le ranger sans le renverser dans le panier à pique-nique.) Et puis, je connais un système pour que ce dessert soit bien frais au moment où on le sert. Il suffit de mettre, au moment où débute le pique-nique, deux ou trois cubes de glace (emportés dans un thermos, par exemple) au milieu des fruits. Ils fondront doucement, sans donner trop d'eau, mais en rafraîchissant délicieusement toute la salade…

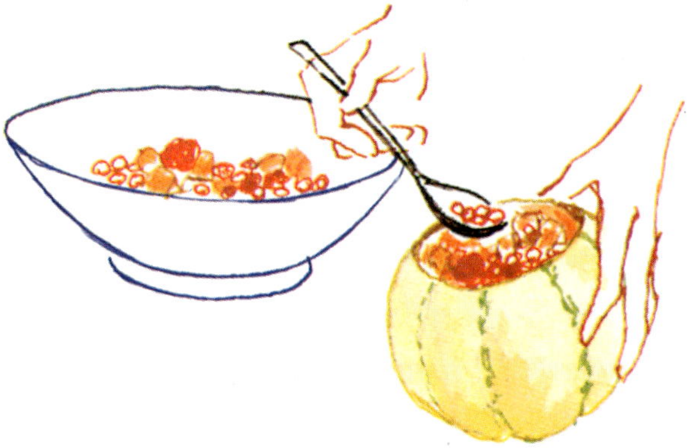

Grâce, en partie, à ce merveilleux « melon-surprise », le pique-nique sous les chênes verts resta pour Marguerite, Caroline et Nicolas, l'un des meilleurs souvenirs de leur été…

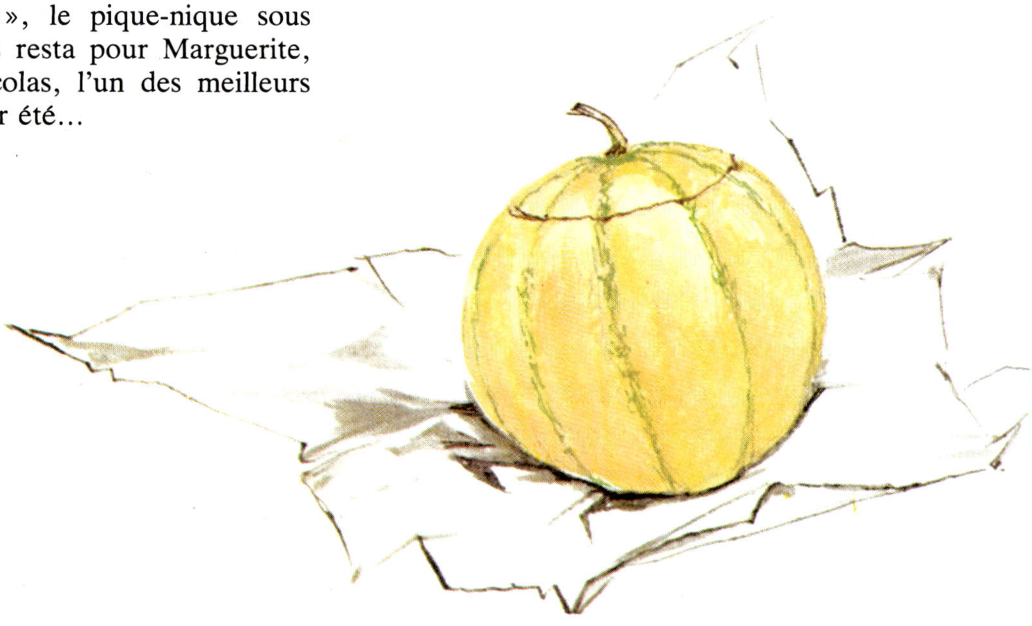

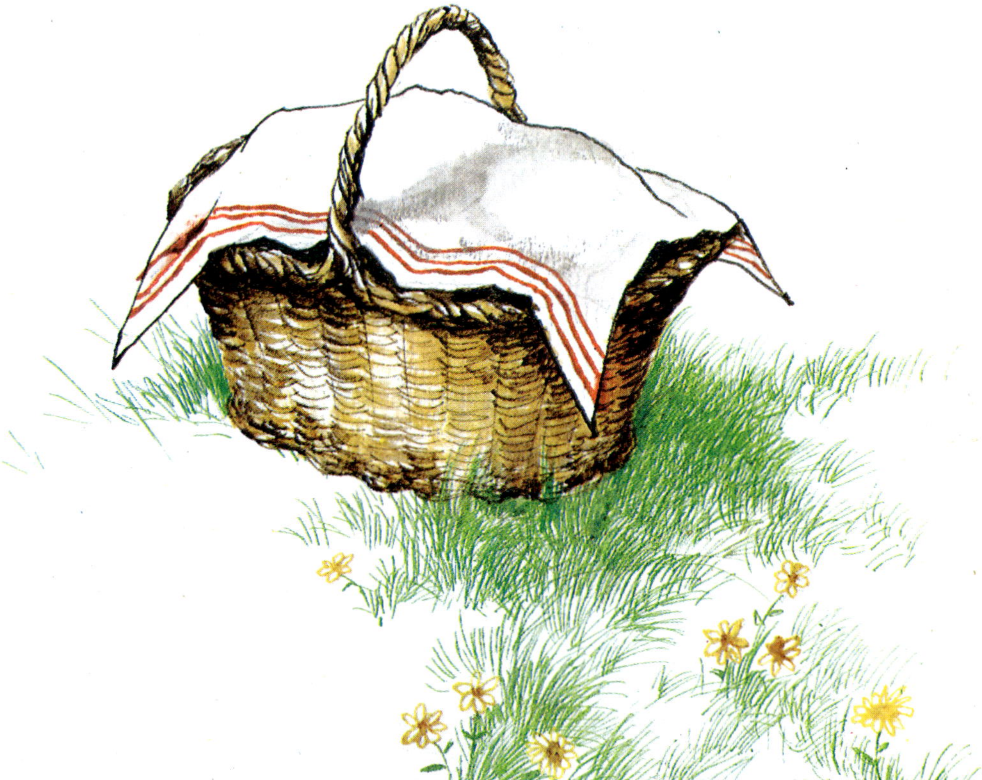

Table alphabétique des recettes

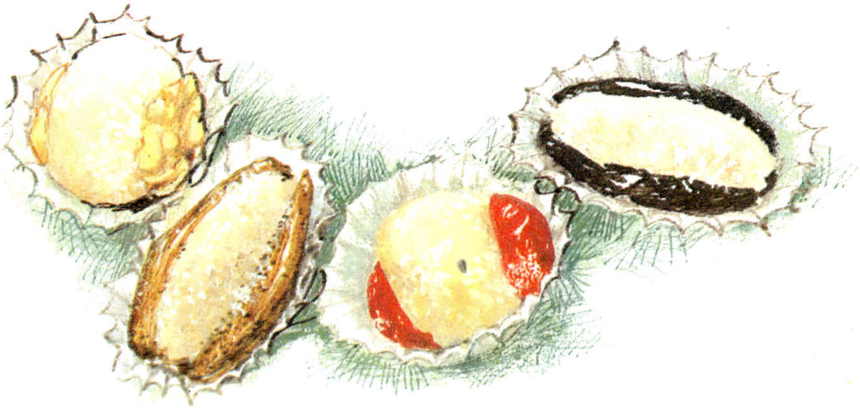

Flammarion et Cie Editeur : N° 15223
Imprimé en France par Pollina, 85400 Luçon - N° 8338
Juillet 1986
Dépôt légal : septembre 1986